Christa-Maria Schaller

Und alle wurden satt

Christa-Maria Schaller

Und alle wurden satt

Geschichten über Gott und die Welt

Fromm Verlag

Impressum/Imprint (nur für Deutschland/ only for Germany)
Bibliografische Information der Deutschen Nationalbibliothek: Die Deutsche Nationalbibliothek verzeichnet diese Publikation in der Deutschen Nationalbibliografie; detaillierte bibliografische Daten sind im Internet über http://dnb.d-nb.de abrufbar.

Contact:
International Book Market Service Ltd., 17 Rue Meldrum, Beau Bassin, 1713-01 Mauritius
Website: www.bookmarketservice.com
Email: info@bookmarketservice.com

Gedruckt in: USA, UK, Deutschland. Dieses Buch wurde nicht in Mauritius produziert.

Imprint (only for USA, GB)
Bibliographic information published by the Deutsche Nationalbibliothek: The Deutsche Nationalbibliothek lists this publication in the Deutsche Nationalbibliografie; detailed bibliographic data are available in the Internet at http://dnb.d-nb.de.

Contact:
International Book Market Service Ltd., 17 Rue Meldrum, Beau Bassin, 1713-01 Mauritius
Website: www.bookmarketservice.com
Email: info@bookmarketservice.com

Printed in: U.S.A., U.K., Germany. This book was not produced in Mauritius.

ISBN: 978-3-8416-0135-3

Christa-Maria Schaller

Und alle wurden satt !

Geschichten über Gott und die Welt

Inhaltsverzeichnis:

1. Geschichten des Glaubens

2. Engelgeschichten

3. Lebensgeschichten

4. Weihnachtsgeschichten

Geschichten des Glaubens

Und alle wurden satt

Tobias ist ein kleiner israelitischer Junge von acht Jahren. Sein Vater ist Fischer am See Genezareth. Er gehört zu den etwas besser Gestellten, zu den Wohlhabenden. Er besitzt ein schönes und vor allem ein gutes Boot, nicht nur so`nen kleinen Äppelkahn, wie die meisten. Oft nimmt er sich Tagelöhner, die für ihn auf den See hinaus fahren oder die Netze flicken. Mit seinem großen Boot kann er viel weiter aufs Meer hinaus. Dementsprechend gut ist auch sein Fang. Wenn Tobias Mama Fische auf dem Markt verkauft, tuscheln die Nachbarn über sie. Aber sie kaufen trotzdem zuerst bei ihr, denn ihre Fische sind größer als die der anderen. Tobias ist selten mit am See Genezareth. Dabei schaute er früher gerne den Fischern bei der Arbeit zu oder spielte mit den anderen Jungs haschen. Aber Tobias hat Angst, Angst vor seinem Vater. Der ist nämlich sehr streng. Tobias hat Angst einen Fehler zu machen. Einmal hat er beim Spielen einen Kratzer ins Boot geratscht. Damals wurde er schlimm bestraft. Ein andermal nahm er zwei Fische aus den Netzen um sie für sich und seinen Freund Matthäus zu braten. Als er sein Tun auch noch damit begründete, dass der kleine Matthäus Hunger hat, bekam er gleich drei Wochen Hausarrest. Das konnte Tobias nicht verstehen. Der Papa von Matthäus war vor einem Jahr bei einem Sturm im Meer ertrunken. Die Mutter schaffte es kaum, den Kindern ihre tägliche Mahlzeit zu beschaffen. Bei ihnen aber lagen die Fische haufenweise rum. Warum durfte er seinem Freund keinen Fisch abgeben? Doch die Lebensmaxime seines Vaters war eindeutig: „Schenke niemandem etwas, denn dir wird auch nichts geschenkt."
Eines Tages rief der Vater Tobias zu sich. „Junge", sagte er: „pack ein paar Fladenbrote ein, geräucherten Fisch und eine Feldflasche mit Wein. Ich muss heute nach Bethsaida gehen. Dort habe ich ein paar Geschäfte zu erledigen. Tobias wurde hellhörig. Bethsaida? Die Leute hatten erzählt, dass der Wanderprediger Jesus dort sei und großartige Wunder tue. Tobias war neugierig auf diesen Mann. Aber er hatte auch Angst. Was würde sein Vater sagen, wenn er mitgehen wollte? Ganz vorsichtig bat er den Vater: „Darf ich mitkommen? Ich kann dir ja beim tragen helfen." Der Vater schaute ihn prüfend an, dann nickte er. „Es kann nichts schaden, wenn du mitkommst und etwas lernst."
Sie gingen über den Staub der Straßen. Tobias hatte sich den Proviantsack über die Schulter gehängt. Der war schwer und der Junge schnaufte schon mächtig. Aber er beklagte sich nicht. Mit großen neugierigen Augen schaute er um sich und beobachtete alles. Es wurden immer mehr Leute. Schließlich war das Gedränge so groß, dass der Vater Tobias an der Hand nahm, damit er nicht verloren ginge.

Tobias war zu klein, um etwas zu sehen. Aber er spürte, wie in der plötzlichen Stille eine Erwartung lag, die sich nur auf einen Mann richten konnte. Jesus. Jesus war hier. Tobias Herz klopfte und er betete: „Allmächtiger. Mach, dass der Papa stehen bleibt."
Ja der Vater blieb stehen. Ob aus Interesse, oder weil es zu voll war, um weiter zu kommen, das war nicht klar. Aber der Vater blieb und hörte was Jesus den Menschen sagte.
Von der Liebe Gottes sprach er und dass Gott für alle da sein will.
Vom Reich Gottes sprach er, in dem kein Mensch mehr hungern muss.
Nicht mehr hungern nach Brot, nicht mehr hungern nach Liebe.
Tobias dachte an den immer hungrigen Freund. Wie gut wäre es, wenn Matthäus ein bisschen vom Reich Gottes bekommen könnte. Und er selbst- Tobias – er würde dann bestimmt nicht immer so viel Angst haben müssen. Ja, das Reich Gottes wäre für sie beide gut. Instinktiv griff Tobias wieder nach der Hand des Vaters und flüsterte leise: „Papa hast du mich lieb?" Doch der Vater hörte es nicht. Er sah wie gebannt auf den Mann, der da im Schatten des Feigenbaumes stand und redete.
Die Zeit war zerronnen, ohne dass die Zuhörer es gemerkt hätten. Erst als die Sonne am Horizont versank merkten sie, wie spät es geworden war. Unruhe kam auf. Die meisten tuschelten, was sie jetzt machen sollten. Da hörten sie noch einmal die Stimme Jesu. „Bevor wir auseinander gehen, sollten wir noch gemeinsam essen. Setzt euch doch bitte in kleinen Gruppen zusammen." Zum großen Erstaunen des Jungen, setzte sich der Vater und forderte Tobias auf, sich neben ihn zu setzen. Jetzt, wo sich die Großen alle klein gemacht hatten, konnte er Jesus zum ersten mal richtig sehen. Da stand ein Mann und segnete das, was andere ihm brachten. Viel war es nicht. 5 Brote und 2 Fische. „Das ist doch nur ein Tropfen auf den heißen Stein" dachte Tobias. „Wie will er mit dem bisschen die Menschenmasse hier satt bekommen?"
Wenig später kam einer von Jesu Freunden zu ihnen. „Gelobt sei Gott", sprach er. „Nehmt dieses kleine Stück Brot vom Herrn. Es ist Brot zum Leben und soll euch sättigen und stärken." Dann legte er das Stück Brot in ihre Mitte. Es war klein – das Stückchen. Tobias hätte es glatt auf einmal in seinen Mund stecken können. Eine peinliche Stille hatte die Leute in der Runde ergriffen. Da hörte Tobias seinen Vater sagen: „ Junge, pack den Beutel aus. Wir haben doch auch etwas, um es in die Mitte zu legen." Tobias glaubte kaum was er hörte. So sprach sein Geiziger Vater? Schnell holte er Brot Fisch und Wein hervor und legte es in die Mitte. Andere taten es ihm gleich. Und plötzlich hatten sie einen reich gedeckten Tisch vor sich. Sie aßen und tranken, erzählten fröhlich miteinander. Und alle wurden satt. Ja – alle wurden satt.
An diesem Tag war nicht mehr an den Heimweg zu denken. Es war zu dunkel und sie hatten ja auch noch nicht die geplanten Geschäfte erledigt. Also legten sich Vater und Sohn unter einen Baum um zu schlafen. Tobias kuschelte sich an seinen Vater und der legte schützend

seinen Arm um ihn. Tobias war schon kurz vor dem Einschlafen. Da hörte er seinen Vater sagen: „Ich hab dich lieb mein Sohn. Und wenn wir morgen wieder zu Hause sind, dann lad mal deinen Freund zu uns ein. Ich würde mich freuen, wenn er zum Essen zu uns kommt." Bevor Tobias wenig später die Augen zu fielen dachte er:
Jesus ist wirklich ein Zauberer. Er hat mir das Paradies gebracht.

Martha-Maria

„Wieder das Herz", denkt Eva und schluckt. Ein dicker Kloß sitzt ihr im Hals. Zum zweiten Mal ist das nun schon, dass das Herz nicht mitspielt. Und das in ihrem Alter. Mit 33 Jahren müsste es doch eigentlich bestens mitmachen. Was hatte der Arzt gesagt? „Schonen sie sich und ihr Herz – unbedingt!"
„Schonen?" Voller Bitterkeit denkt Eva das. „Wie sollte ich das machen? Da ist das große Haus und der riesige Garten, die Kinder und die Arbeit. Es gibt keine Schonung. So viele Menschen warten auf mich. So viele Dinge liegen auf dem Schreibtisch, die alle erledigt werden müssen. Wie soll man sich da schonen?"
Der Kloß in Evas Hals wird noch dicker. Gut, dass Ralf gerade dienstfrei hat und mitgekommen ist. Eva geht zurück ins Wartezimmer und setzt sich neben ihn. Sie greift nach seiner Hand und hält sie fest – sehr fest. Tränen kullern lautlos aus ihren Augen. Wut und Angst stauen sich in ihr auf. „Warum nur gerade ich?", denkt sie und: „So ein Mist! Wie soll das nur weitergehen?"
Die Arzthelferin betritt den Warteraum. „Frau Klingel bitte noch einmal!" Die junge Frau strafft sich, wischt die letzten Tränen aus den Augen und geht noch einmal ins Sprechzimmer.
Etwas später im Auto will Ralf dann alles wissen. Geduldig hört er sich an was seine Frau zu sagen hat. Eine wohltuende Ruhe geht von ihm aus. Und so sagt er zu Eva: „Du solltest wirklich einmal etwas kürzer treten. Ruh dich aus. Leg die Hände in den Schoß und schone dich."
Da war es wieder dieses gefürchtete Wort. Schone dich! Sie wollte es einfach nicht. Eva wollte aktiv sein, schwungvoll, voller Energie und Schaffenskraft. Sie wollte kein müder verwelkter Haufen sein. Plötzlich fühlte sich die junge Frau uralt. Alt und verbraucht.

Sie sind inzwischen auf der Landstraße angekommen. Ralf lenkt den Wagen geschickt und schwungvoll um die vielen Schlaglöcher herum. Da drängt sich Eva ein Satz ins Gedächtnis:
Zu der arbeitsamen und fleißigen Martha muss die ruhende aufnahmebereite Maria dazu gehören. Wenn wir beides in uns vereinen, das laute Schaffen und das ruhende Hören, dann haben wir die Mitte unseres Lebens gefunden. Die Hände regen und die Hände in den Schoß legen. Wer hatte nur davon gesprochen, und wann war das gewesen? Eva denkt nach. Es muss schon sehr lange her sein, dass sie diesen Satz gehört hat. Sehr lange.
Damals war sie 13 oder 14 Jahre alt. Es war in den Sommerferien. Sie war bei den Großeltern zu Besuch in der großen Stadt. Die Großeltern wohnten in einer Plattenbauwohnung. Das Haus befand sich neben einer schönen alten Kirche. Große Bäume umgaben sie und man konnte vergessen, dass man sich in einer Großstadt befand. Oft war Eva mit den Großeltern in diese Kirche gegangen. Einmal aber verkündete der Opa am Sonntagmorgen: „Heute gehen wir mal in eine andere Kirche zum Gottesdienst. Das Wetter ist schön, der kleine Spaziergang wird uns gut tun.“
So zogen sie los. Rechts ging der Großpapa – ein großer stattlicher Mann. Links ging das junge Mädel. Die Großmutti hatten sie in die Mitte genommen. Sie war klein und gebeugt und stützte sich auf ihren Mann und die Enkelin. Ihre Finger umschlossen Evas Hand. Was waren das für Finger – krummgebogen von der Last und Not ihres Lebens. Unruhig bewegten sie sich, fassten immer wieder nach, als suchten sie jede Minute neuen Halt. Wie viel hatten diese Hände geschaffen, gearbeitet, gestreichelt, Kindertränen getrocknet und wieder gearbeitet. Eva hatte diese Hände gern angefasst. Sie fühlte damals deutlich: Diese kleine Frau sucht nicht nur Halt. Nein! Sie gibt auch etwas ab von ihrer Lebensenergie! Es war schön, diese unruhigen Hände zu fassen.
Die Drei gingen an all den Menschen vorbei, die hier zur Kirche wollten. Ein freundliches Wort – ein Kopfnicken – dann waren sie aus dem bekannten Umfeld heraus. Fremde Menschen umgaben sie eilend und hastend. Sie gingen über breite Straßen, dann zum Bahnhof durch die Unterführung hindurch. Nun wurde die Straße wieder ruhiger. Die Glocken begannen zu läuten. Vor ihnen war die Kirche zu sehen. Leise traten sie ein in den kühlen Raum. Es war dämmrig. Gedämpftes Licht von Kerzen, leises Gemurmel von Stimmen. Eva rutschte zur Großmutter auf die Kirchenbank. Sie schaute wieder auf ihre Hände. Wie anders sahen die jetzt aus. Ruhig lagen sie auf ihrem Schoß. Die Großmutti hatte sie leicht übereinandergelegt. Es sah aus, als würde sie einen wertvollen Schatz bergen und behüten. Alle Unruhe, aller Tatendrang waren von ihr abgefallen. Diese Hände strahlten eine ungeheure Ruhe aus. Ganz anders als es auf dem Weg hierher gewesen war.

Nun begann der Pfarrer zu predigen. Hoch über Eva stand er auf der Kanzel. Er sprach mit lauter kraftvoller Stimme:

„Jesus ist zu Besuch bei den Schwestern Martha und Maria ..."
Während er spricht entsteht vor dem inneren Auge des jungen Mädchens ein Bild.
Da ist Martha, wie sie in der Küche herumwirtschaftet, kocht und bäckt. Eine fleißige Frau. Alles hat sie im Blick. Die Gäste sollen keinen Mangel haben. Martha, das ist eine tüchtige Frau. Beneidenswert, wie sie alles auf die Reihe bekommt, Beruf, Familie, Haushalt. Eine Frau die „ihren Mann steht", Verantwortung trägt, sich für andere einsetzt und auch noch ihrer Familie ein trautes Heim bereitet. Wie Martha müsste man sein. Sie ist eine tolle Frau. Wer so ist, der wird von allen geehrt und geachtet.
Und dann ist da Maria, eine Träumerin. Als Jesus kommt lässt sie alles stehn und liegen, um bei ihm zu sein. Sie liebt Jesus auf ihre Art. Sie vertraut ihm. Und dabei vergisst sie alle ihre Pflichten. Sie scheint nur noch Augen und Ohren für Jesus zu haben. Sie hört und sieht. Sie saugt Jesu Worte richtig in sich auf. Maria ist ein leeres Gefäß, dass sich geöffnet hat. Nun lässt sie sich füllen mit Jesu Wort und Geist. Sie ruht aus. Sie lauscht nach außen und nach innen. Und sie ist glücklich.
Eva hatte sich damals die beiden Frauen sehr gut vorgestellt. Vom weiteren Verlauf der Predigt hatte sie nichts mitbekommen, so sehr hatte sie sich in das Bild dieser beiden Frauen vertieft. Und dann war da wieder die Stimme des Pfarrers. Eva war regelrecht zusammengezuckt, als hätte sie geträumt. Laut und deutlich hörte sie die Worte von der Kanzel:
Zu der arbeitsamen und fleißigen Martha muss die ruhende aufnahmebereite Maria gehören. Wenn wir beides in uns vereinen; das laute Schaffen und das ruhende Hören, dann haben wir die Mitte unseres Lebens gefunden. Die Hände regen und die Hände in den Schoß legen – das beides gehört zusammen.
Draußen vor der Kirche hatte die Großmutter Evas Hände genommen. Sie hatte zur Sonne hoch geblinzelt und mit einem Stoßseufzer gesagt: Ja, das ist gut. Wir dürfen beides sein. Martha und Maria. Maria **und** Martha!
Inzwischen sind Eva und Ralf im Dorf angekommen. Gleich sind sie zu Hause. Noch eine scharfe Kurve. Ralf fährt das Auto unter dem schönen alten Torbogen hindurch und hält. „Wir sind da!" sagt er und blickt Eva an. Sie legt ihre Hände in die seinen und gibt ihm einen Kuss. „Ja wir sind daheim. Und jetzt werde ich mich schonen. Jetzt werde ich ein bisschen Maria sein."
Als Ralf sie etwas unverständig ansieht, lacht sie ihn an. „Komm jetzt, lass uns hineingehen."

Der Kampf

Sie redet etwas viel und schnell, die Frau mit dem einstmals langen und lockigen Haar, das nun überdeckt ist von modischer Perücke. Sie redet vom Krebs der nun zum dritten Mal den Krieg erklärte ihrem zarten Körper und mit wilder Wut Metastasen streut, wo niemand sie einfach fortwischen kann. Alle in ihrem Umkreis hören von diesem Kampf, werden mit hineingezogen und schlagen mit ihr in die Luft, wohl wissend, dass keiner diesem Krieg ein Ende setzen kann. Nicht einmal die Wirkungen der Ärzte sind stark genug.
Doch dann, in nächster Sekunde dreht sich der Wind und die Rede geht vom Leben, von der Musik, die sie trägt in Ton und Klang, von der Liebe des Mannes, Freude an der Tochter, Verantwortung für die alte Mutter und die junge Schwester. Und sie spricht von dem Engel der trägt, sie und dich und mich. Und immer wieder Liebe zum Leben und greifen mit vollen Händen nach den Sternen.
So springt sie hin und her zwischen Tod und Leben, Leben und Tod. Jeden Tag ein bisschen näher am Tod, jeden Tag ein wenig stärker im Leben.
Stark sein will sie für Tochter und Mann und den ganzen Rest der Familie. Stark sein weil die so schwach sind, oder aber weil sie selber sich festhält an der Stärke für die Anderen. Eine wilde Stärke ist es gepaart mit Zorn und Leidenschaft.
Doch plötzlich verlässt sie die Kraft. Sie flüstert ganz leise: „Morgens wenn ich wach werde, dann bin ich glücklich, dass mir wieder ein Tag geschenkt ist und ich danke meinem Schöpfer dafür. Abends falte ich meine Hände und danke für all das, was ich erleben durfte und ich weiß dabei nicht, ob ich am nächsten Tag noch einmal das Licht der Sonne sehen darf."
Dann weint sie und ich nehme sie in den Arm. Würde am liebsten mit weinen. Aber das tue ich nicht, denn jetzt will ich stark sein für sie, damit sie für diesen Moment gehalten ist in ihrer Schwachheit. Ich bete in der Stille: „Gott erhalte dieser Frau ihre ungezähmte Stärke, erhalte ihr diese innere Kraft. Bitte!"
Dann schweigen wir. Als sie sich löst scheint es, als hätte sie mein stummes Gebet vernommen. „Danke" sagt sie. Danke? Wofür? Ich reiche diesen Dank nach OBEN weiter.
Und dann sprudelt sie wieder, die Quelle ihrer Worte und wir trennen uns in der Gewissheit: heute Abend wird sie ihre Hände wieder voll Dankbarkeit falten – trotz allem.

Petra und der Berg der Versuchung

Simon Petrus, der Satan hat verlangt, dass er euch wie Weizen sieben darf. Ich aber habe darum gebetet, dass dein Glaube nicht erlischt.
Ich sage dir Petrus, ehe heute der Hahn kräht, wirst du mich dreimal verleugnet haben.
Petra war eine tolle Frau. Jung war sie, noch keine 30 Jahre alt und sie hatte eine Ausstrahlung, dass mancher Gruppenleiter vor Neid erblasste. Überall wohin sie kam hatte sie sofort eine Schar Leute um sich. Die Kinder liebten sie, denn sie kannte viele Spiele. Es machte ihr nichts aus, mit den Kleinen rum zu toben. Die Mütter waren ihr dafür dankbar. Sie wussten: da wo Petra ist, da haben die Kinder keine lange Weile. Die Jugendlichen verehrten die junge Frau gerade zu. Sie hingen an ihren Lippen, bei allem was sie sagte. Sie saugten auf, was ihnen von ihr gereicht wurde. Jedes Wort wurde zum Evangelium. Petra war sich dessen wohl bewusst. Da sie nicht nur Ausstrahlung hatte, sondern auch tief gläubig war, nutzte sie ihre Gabe, um den Menschen immer und überall von Jesus Christus ihrem Herrn zu erzählen. Das sah sie als ihre Aufgabe an, ihre Mission. Petras Lieblingsthema war die Gebetserhörung. Sie wurde nicht müde, Beispiele zu erzählen, wo Gott ihre Gebete gehört und ihre Wünsche erfüllt hatte. „Wenn du nur genug betest, dann wird Gott dir alles geben", das war ihre Botschaft.
Petra hatte so viel Esprit. Mit dieser Gabe hat sie mehr als einen jungen Menschen zum Glauben und zur Taufe geführt. Alle liebten sie für die Glaubensfreude die sie verbreitete und den Schwung und Elan den sie weiter gab.
Alle? Na ja, ein paar Wenige hatten so ihre Mühe. Sie sagten: „Das Leben ist nicht so rosarot. Der Glaube an Gott ist nicht so einfach, wie ihn diese junge Frau proklamiert. Es gibt auch Zweifel und Angst. Gott erhört keineswegs alle Gebete." Aber diese wenigen Leute waren alt. Petra nahm ihre Kritik nicht ernst. Alte Leute neigen ja dazu, den Jungen alle zu vermiesen. –Schwamm drüber-
Petra hatte eine Traum, eine Vision. Sie fühlte sich dazu berufen, den Ungläubigen das Evangelium zu bringen. Da ihr das in Deutschland zu einfach erschien, wollte sie in ein islamisches Land gehen. Dort – so wusste sie – würde die Kraft ihrer Gebete Berge versetzten. Um ihren großen Missionsweg vor zu bereiten, buchte sie eine Urlaubsfahrt nach Pakistan. Das war eine Reise so ganz nach ihrem Geschmack. Abenteuer pur. Sie war unterwegs mit Freunden, die auch missionarische Absichten hatten. So war das regelmäßige Gebetsleben nicht weiter anstrengend. Sie begannen den Tag gemeinsam mit einem Morgenlob, beteten vor jedem Essen und gingen nicht eher zur Ruhe, als bis sie miteinander das Abendgebet gesprochen hatten. Besonders stolz war Petra auf die Kraft des Tischgebetes. Durch das ungewohnte Essen, hatten andere Reisegruppen mit elendigen Darmproblemen zu

kämpfen. Keiner musste einen Tag im Bett verbringen, weil das Essen zügellos durch seine Innereien schoss. Alle blieben gesund. Das war für Petra wieder ein Beweis ihrer Gebetskraft.
Dann aber kam der Tag der Versuchung. Sie waren zum Nanga-Parbat gefahren – zum deutschen Schicksalsberg. Nein- nicht bis hoch. Das war für einen ungeübten Mitteleuropäer nicht zu schaffen. Aber es führte eine Straße bis auf die halbe Höhe hinauf. Dort standen hotelähnliche Bungalows für Touristen, Möchtegernbergsteiger und alle die das Erlebnis suchen. Schon die Fahrt hinauf war ein Abenteuer für sich. Das was die Pakistanis Straße nennen, würde bei uns nur als Feldweg durchgehen. Schmal war der Weg. Es gab keine Leitplanken. Wenn die Jeeps die steilen Kurven verpassen würden, dann gäbe es kein Halten mehr. Rettungslos würden die Insassen in den Tod stürzen. Die Fahrer der Wagen schien das aber nicht zu stören. Sie rasten den Weg hinauf, dass allen Mitfahrern angst und bange war. Petra krallte sich am Griff der Tür fest. Angstschweiß stand ihr auf der Stirn. Sie bekam kaum noch Luft. Als sie endlich aussteigen konnten, war ihr so schwindlig, dass sie nur mit Müh und Not die kleine Treppe hinauf zu ihrem Quartier fand. Nun gut – vielleicht war es ja auch nicht angstbedingt. Vielleicht lag es an der Höhenluft. Der wenige Sauerstoff machte allen Reiseteilnehmern zu schaffen. Petra war möglicherweise nur etwas empfindlicher als die anderen. Es gab ja auch so was wie die Höhenkrankheit. Allerdings bekam man die normalerweise erst in noch größeren Höhen.
In dieser Nacht schlief Petra schlecht. Sie träumte schwer.
Der Jeep. Der blaue Jeep. Er fiel die Straße hinunter. Langsam. Ganz langsam neigte er sich dem Abhang zu. Er fiel in Zeitlupe. Überschlug sich. Einmal. Zweimal. Schmerz, Angst, Panik. Wer sitzt im Auto? Wer stirbt diesen qualvollen Tod am Berg? Und wieder fällt er – der blaue Wagen. Fällt hinab ins Dunkel. Das Poltern hört sie im Schlaf, spürt den Fall, spürt den Schmerz.
Mit einem Schrei wacht Petra auf. Die Sonne ist gerade über die Bergspitze geklettert und taucht die Höhenzüge in goldenes Licht. Andere Touristen stehen draußen, fotografieren und filmen. Alle sind begeistert vom Schauspiel der Natur. Nur Petra nicht. Die Angst der Nacht sitzt ihr noch in den Knochen. „Nur weg von hier“ denkst sie. „Nur weg von diesem furchtbaren Ort.
Als die Gruppenmitglieder auf die Jeeps aufgeteilt werden, drängelt sie sich vor. Sie will unbedingt in dem gelben Fahrzeug sitzen. Bloß nicht in dem Blauen. War ihr doch egal, wer da in den Abgrund stürzte. Sie würde es nicht sein. Sie wollte leben.
Die Fahrt beginnt. Diesmal ist sie etwas erleichterter. Schließlich wurde sie ja von ihrem Traum gewarnt und sitzt nun im richtigen Auto. Das gelbe Fahrzeug führt die Kolonne an. Petra schließt einen Moment die Augen und atmet tief durch. Irgendwann- das weiß sie, wird auch die Luft

wieder dicker und besser zu atmen sein. Irgendwann wird sie auch wieder zu Hause sein. Dann ist der Spuck vorbei.
Ein Krachen. Ein Schlag. Schrei. Petra schreckt aus ihren Gedanken auf. „Das blaue Auto", denkt sie und wird sofort eines besseren belehrt. Nicht das Blaue jagt auf den Abgrund zu, sondern das Gelbe. Der Jeep in dem sie selbst sitzt beginnt zu schlingern und kommt wenige Sekunden später zum stehen. „Raus hier. Bloß raus hier", denkt die junge Frau. Es dauert ihr viel zu lange, bis die Tür geöffnet ist, und sie ins Freie hinaus kann. Auch die übrigen Fahrzeuge haben angehalten. Einer der Fahrer trägt ein Fahrzeugteil in den Händen, das er kurz vorher von der Straße aufgehoben hat. Es scheint vom gelben Wagen abgefallen zu sein. Mit großer Ruhe beginnen die Pakistani mit der Reparatur. Petra sitzt abseits. Ihr Rücken ist an einen Felsstein gelehnt der wohlige Wärme ausstrahlt. Aber die Wärme kann nicht in ihr Herz dringen. Das ist kalt und verkrampft vor Angst. Sie zittert und in ihrem Zittern spürt sie ein kleines hässliches klirrendes Lachen hinter sich. Sie schaut sich um. Aber niemand ist da, dem sie dieses Lachen zuordnen kann. Nicht mal eine Ziege weidet hier in dieser gottlosen Einöde. Aber das hässliche Lachen bleibt in der Luft hängen.
Da erhebt sie sich und macht sich zu Fuß auf den Weg. In ein Auto würde sie heute nicht mehr einsteigen.
Wochen später ist die junge Frau wieder daheim. Voller Stolz erzählt sie jedem von ihrer großen Reise. Manch einer hört ihr neidisch zu. So eine Reise in die höchste Bergregion der Erde – das ist schon verlockend.
Auch einen Gemeindeabend veranstaltet Petra. Viele Leute kommen. Sie alle sind stolz auf die junge Frau, die so mutig in ein gefährliches Land gegangen ist. In ein Land, in dem es fast unmöglich ist, Christ zu sein. Aber Petra hat ja keine Angst. Ihr Gottvertrauen ist so groß. Sie würde alles tun, um ihrem Herrn und Heiland zu dienen. Ihm vertraut sie uneingeschränkt. Und so erzählt Petra voller Schwung von all ihren großen Erlebnissen. Sie erzählt von dem Segen des Tischgebetes und dass keiner krank geworden ist. Sie erzählt von einem Freund, der für einen kranken Muslimen gebetet hat. Und der Muslime hat sogar darum gebeten, weil er wusste: die Gebete dieses Christen haben Kraft.
Ja, Petra erzählt sogar schmunzelnd von ihrem Traum und dem kaputten gelben Auto. Alle lachen mit ihr.
Nur ein paar alte Frauen sehen sich skeptisch an. Sie fragen sich: „Wieso hatte Petra eigentlich nicht gebetet, als sie im Jeep saß? Ist ihr Glaube doch nicht so groß, dass er in der Höhe der Berge ausreicht? Oder hat sie einmal in ihrem Leben erfahren, dass es auch Momente gibt, in denen man Gott nicht vertraut und zweifelt, weil die Angst größer ist als der Glaube. Das wäre ja eine sehr menschliche Erfahrung. Sogar Petrus ist es so ergangen. Doch als der Hahn krähte, erkannte er seine Schuld und diese Erkenntnis brachte ihm die Vergebung.

Für Petra war die Versuchung am Berg nur eine witzige Anekdote, die mal ausnahmsweise nichts mit dem Glauben zu tun hatte.
„Schade", denken die alten Frauen. „Schade, dass sie ihren Hahn nicht gehört hat."

Steinigung

Sie kniet im Sand in der Mitte eines großen Platzes. Ihre Hände sind mit harten Stricken auf dem Rücken gefesselt. Sie trägt ein zerrissenes Kleid aus altem Sackleinen. Arme und Gesicht sind zerkratzt und sie spürt, wie die Schrammen bluten.
Im weiten Kreis um sie herum stehen Männer.
Ihre Gesichter sind voller Hass und voller Hohn. Sie scheinen zu grölen, auch wenn kein Laut zu hören ist. In ihren erhobenen Händen tragen sie Steine, große harte schwere Steinbrocken. Sie kennt sie nicht. Kann kein Gesicht einer bekannten Person zuordnen. Und doch scheint es, als wenn sie alle kennt. Es ist ihnen eine Genugtuung, die Frau am Boden zu sehen. Endlich haben sie dieses Weib klein gekriegt.
Der Geliebte ist nicht da. Warum? Wo hält er sich verborgen?
Der Ehemann steht am Rand, etwas abseits von den anderen, mit hängenden Schultern. Er tut nichts, um seine Frau zu retten. Er

akzeptiert, dass es so ist wie es ist. Irgendwie wirkt er resigniert und müde. Aber er trägt **keinen** Stein in seinen Händen.
Vor der Frau sitzt Jesus im Sand. Er sieht sie nicht an, malt nur mit den Fingern im Sand.
„Wer ohne Sünde ist, der werfe den ersten Stein!"
Erschrockenes Schweigen.
Dann aber grölen die Männer lautstark los.
„Wir glauben nicht an deinen Gott der Liebe. Unser Gott ist ein Gott der Ordnung und nicht der Unordnung!"
Und dann fliegen die Steine durch die Luft. Sie treffen ganz gezielt. Keiner trifft daneben. Die Frau spürt ihre Gewalt. Die Steine reißen sie um. Sie fällt in den Sand, spürt die Kraft der Wut, die hinter den Steinen steckt. Aber seltsam. Sie schmerzen nicht, belasten auch nicht. Die Steinbrocken perlen von ihr ab, wie Tautropfen. Rollen zur Seite, verletzen sie nicht.
Verwundert schaut die Frau auf. Sie sieht in Gesichter voller Hass. Nur zwei Gesichter sind ohne Hass. Der Ehemann sieht sie an, und sie sieht Schmerz in seinem Blick – und – Vergebung.
Und Jesus sieht sie an. Er malt nicht mehr im Sand, sondern schaut die Frau intensive an. Sein Blick legt sich um sie wie ein schützendes Kleid. Und sie spürt Liebe.
Ja sie spürt Liebe.
Nun hat sie keine Angst mehr. Die Steine fliegen, aber sie hat keine Angst mehr vor ihnen. Die Steine der Männer können sie nicht zerstören.
Was passiert, wenn der letzte Stein gefallen ist?
Vielleicht steht sie auf und geht den Geliebten suchen, weil sie durch die Vergebung frei geworden ist.
Vielleicht geht sie auf ihren Ehemann zu und reicht ihm die Hand zum Neubeginn.
Vielleicht nimmt Jesus sie weg aus diesem Lebenskreis und sie wird ganz woanders ganz neu eine Aufgabe bekommen.
Vielleicht wird sie tot sein, wenn der letzte Stein geflogen ist.
Es ist egal was geschieht. Es ist egal was sein wird. Sie hat keine Angst mehr davor. Denn sie weiß, auch wenn die Menschen Steine schmeißen, bei Jesus erlebt sie Vergebung, Liebe und Leben.

Jörgs Schulanfang

Jörg war im April sechs Jahre alt geworden. Darum sollte er auch im Herbst in die Schule kommen. Seit seinem Geburtstag sprach er von nichts anderem mehr als von der Schule.

„Mutti, wie wird es dort sein?", wollte er wissen. „Welche Kinder kommen denn mit in meine Klasse? Was muss ich da alles wissen? Ist die Lehrerin nett? Muss ich da wirklich immerzu still sitzen?"

Die Mutter konnte gar nicht so schnell alles beantworten. Wenn sie der Junge zu sehr mit seinen Fragen löcherte, dann strich sie ihm übers Haar und sagte: „Du wirst es schon sehen."

Dann sprang Jörg um seine Mutti rum und rief immer wieder: „Ich freu mich so, ich freu mich so."

Dann kamen die letzten Augusttage. Jörg wurde immer stiller. „Was hast du?" fragte ihn die Mutter. Aber Jörg schüttelte nur den Kopf. „Nichts!" sagte er mürrisch. „Lass mich in Ruhe!" Die Mutter ließ ihn allein.

„Hatte er etwa Angst?"

Nein. Angst hatte Jörg nicht. Ein großes Kind hat keine Angst. Aber irgendwie war da so ein flaues Gefühl im Magen und im Hals steckte ein dicker Kloß. Am liebsten hätte er geweint. Doch ein Junge weint nicht.

So kam der Abend vor der Schuleinführung. Wie immer kam die Mutter an sein Bett, um mit ihm das Abendgebet zu sprechen. Jörg kuschelte sich in Muttis Arm. „Bete du für mich", bat er sie. Die Mutter faltete die Hände und sagte:

„Lieber Gott behüte du meinen Jörg, wenn er ab morgen in die Schule geht. Sei du bei ihm und pass gut auf ihn auf. Amen."

In dieser Nacht hatte Jörg einen komischen Traum. Lauter Engel standen um sein Bett. Sie unterhielten sich.

„Du morgen ist ein großer Tag."

„Ja ich weiß. Da kommt unser Jörg in die Schule."

„Da müssen wir aber ganz besonders gut auf ihn aufpassen."

Dann sprachen die Engel darüber, worauf sie alles achten würden. Im Schlaf musste Jörg über ihren Eifer lächeln.

Am nächsten Morgen weckte ihn die Mutter früher als sonst.

„Komm schnell mein Schatz. Aufstehen. Sonst kommen wir zu spät."

So rasch wie heute war Jörg noch nie mit waschen anziehen und frühstücken fertig gewesen. Nun stand er an der Tür und wartete auf die Eltern. Er war aufgeregt und wollte endlich losgehen. Aber die Mutter ging noch nicht zur Tür. Sie nahm ihren Sohn in den Arm und sagte: „Nun bist du ein großer Schuljunge. Ich wünsche dir, dass Gott dich behütet und dass er bei dir ist, bei allem was du tun wirst." Dann zeichnete sie ihm ein Kreuz auf die Stirn und besiegelte das Kreuzzeichen mit einem Kuss.

Jörg hatte für einen Moment die Augen geschlossen. Er dachte an seinen Traum und spürte noch das Kreuz auf seiner Stirn. Plötzlich

schoss es ihm durch den Sinn: Dann kann mir ja nichts mehr passieren, wenn Gott so viele Schutzengel zu mir geschickt hat.
„Juhu“ – rief er. „Ich freue mich, ich freue mich.“ Und fröhlich hüpft er an der Hand der Eltern in den Morgen hinaus.

Josephine und der bunte Gürtel

Josephine ist ein pausbackiges Mädchen mit Sommersprossen und dicken blonden Zöpfen. Sie ist stolze sechs Jahre alt und kommt in wenigen Tagen in die Schule. Das ist aufregend. Josephine freut sich aufs lernen und vor allem auf den 1.Schultag und die große Zuckertüte.
Die Mama war mit Josephine einkaufen gegangen: Schulranzen und Federmappe, Sportzeug und Turnschuhe, ein hübsches Kleid und neue Schuhe. Ja und dann hatten sie im Kaufhaus vor einem Ständer mit vielen Gürteln gestanden. Weiße und Schwarze, Rote und Blaue gab es, aus Stoff und Leder. Da war noch ein ganz besonderer Gürtel. Josephine konnte ihre Augen nicht von ihm lösen. Er war aus goldenen und ganz vielen bunten Fäden gewebt. Josephine fand ihn so toll. Darum bat sie die Mutter, ihn zu kaufen. Die Mama tat Josephine den Gefallen und kaufte den kunterbunten Gürtel. Dafür bekam sie einen dicken Extrakuss.
Nun verging kein Tag, an dem Josephine nicht mindestens einmal den Gürtel aus dem Fach nahm, mit ihren kleinen Fingern darüber strich und sich an den bunten Farben freute. Die Mutter hatte gesagt, sie solle ihn erst in der Schule tragen. Josephine wurde die Zeit fast ein wenig lang bis dahin. Doch Josephines Mama ließ sich nicht beirren. „Übe dich in

Geduld. Die wirst du in der Schule auch brauchen." waren ihre Worte, wenn das Mädchen wieder einmal zu sehr drängelte.
Drei Tage vor dem ersehnten ersten Schultag kam Josephines Mama morgens ins Kinderzimmer und stutzte. Ihr Töchterchen saß auf dem Bett. Sie hatte den bunten Gürtel in ihren Händen und dicke Kullertränen rollten über ihre Wangen.
„Was ist denn passiert" wollte die Mutter wissen. Sie setzte sich neben Josephine und nahm das Töchterchen in den Arm. „Was ist denn nur los?"
„Das blau... Es ist so wenig blau..." stammelte Josephine unter Tränen. Die Mutter konnte sich den plötzlichen Stimmungswandel ihrer Tochter nicht erklären. Was war denn mit dem Blau? Josephine konnte kaum reden. Aus ihren Wortfetzen erkannte die Mutter aber bald die Ursache für die Tränen. Blau war die Lieblingsfarbe von Josephines Freundin Bea. Die beiden Mädchen spielten jeden Tag miteinander im Kindergarten. Sie waren unzertrennlich. Aber Bea kam in eine andere Schule. Das war dem Mädchen heute Morgen wieder eingefallen.
„Ich will nicht in die Schule gehen, wenn Bea nicht bei mir ist", sagte Josephine trotzig. Und dann wieder etwas weinerlicher „Ich bin ganz alleine. Und Bea auch."
Die Mama nahm Josephine in den Arm und wiegte sie sanft, bis die Tränen langsam versiegten. Dann gab sie dem Töchterchen ein Taschentuch. Josephine schnaubte kräftig hinein. „Welches ist deine Lieblingsfarbe?" wollte die Mutter wissen. „Rot" sagte Josephine, wischte sich mit dem Handrücken über die Augen und schaute die Mama an.
„Siehst du." Sagte die Mutter und zeigte auf den Gürtel:„Hier ist dein Rot und dort ist das Blau von Bea. Und sieh mal, hier sind lauter goldene Fäden. Kettfäden nennt man das. Diese goldenen Fäden halten den ganzen Gürtel zusammen. Sie verbinden dein Rot mit Beas Blau und mit den vielen anderen Farben. Mein Liebling. Du bist nicht allein und Bea auch nicht. Weil Gott bei euch ist. Ihr werdet viele andere Kinder kennen lernen. So viele, wie dein Gürtel bunte Farben hat und noch mehr. Und Gott wird immer bei euch sein, so wie der goldene Faden hier. Wenn es schön ist und auch wenn es mal schwierig wird, wenn du in der Schule neue Freunde findest und auch wenn du dich allein fühlst. Gott ist immer bei dir."
Josephine hat der Mama aufmerksam zu gehört. Jetzt nickt sie und sagt: „Und wenn ich am Sonntag in den Kindergottesdienst gehe, ist Bea auch da." Dann springt sie aus dem Bett und läuft ins Bad. Noch bevor sie die Tür hinter sich schließt ruft sie der Mutter zu: „Ich bin gespannt, welche Lieblingsfarbe meine Banknachbarin hat."

Der Campingurlaub

Endlich Urlaub. Isa steht auf der Straße vor dem Hochhaus in dem sie wohnt und packt ihren gelben Citroen. Zelt, Isomatte und Schlafsack sowie alle anderen Campingutensilien passen bequem in das kleine Auto. Heute soll es endlich in den wohlverdienten Urlaub gehen.
Das vergangene Jahr war nicht einfach für die junge Frau. Im Büro gab es nur Stress. Sie hatte so viel zu erledigen, dass sie kaum zum Luftholen kam. Auch Privat gab es viel zu tun. Sie war eine engagierte Frau, die zupackte, wo sie gebraucht wurde. Sie hätte gern noch mehr getan. Aber seit einiger Zeit spielte ihre Gesundheit nicht mehr so mit. Müdigkeit steckte in ihren Gliedern und manchmal sah die Welt um sie herum nur noch schwarz aus.
Isa atmet tief durch. Zwei Wochen Erholung lagen vor ihr. Die Zeit würde reichen, um sie wieder auf Trapp zu bringen.
Fünf Stunden später steht die junge Frau an der Rezeption eines idyllischen Zeltplatzes. Kurz vor ihr ist eine Gruppe angekommen. Junge Pärchen, Singles und zwei allein erziehende Mütter mit ihren Kindern. An den Nummernschildern der Fahrzeuge erkennt Isa, dass sie alle aus ihrem Heimatkreis kommen. Welch glücklicher Zufall. Die Dame an der Rezeption hält Isa wohl für ein Gruppenmitglied, denn sie ordnet ihr einen Platz im gleichen Areal zu. Bald leuchtet ihr himmelblaues Zelt zwischen all den anderen Zelten und Isa hat die ersten Kontakte geknüpft.
Die Campingfreunde sind sehr angetan von der jungen Frau. Isa ist freundlich und von einer sanften Fröhlichkeit, die nicht aufdringlich wirkt. Sie hat einen Blick für die Sorgen und Nöte der anderen. Morgens bringt sie für die Gruppe Brötchen mit. Sie passt auf die beiden kleinen Kinder auf und hört zu, wenn jemand traurig ist.
Der Urlaub ist schön. Isa sorgt sich um die Anderen und freut sich, wenn sie zu Wanderungen oder Badeausflügen eingeladen wird. So ist sie nicht so allein. Nur manchmal, wenn sie sich Abends in ihren Schlafsack eingemummelt hat, überkommt sie eine tiefe Traurigkeit. Dann wünscht sie sich mitunter, auch einmal von anderen umsorgt und bemuttert zu werden. Doch am nächsten Morgen wischt sie die Gedanken energisch fort.
Der letzte Abend kommt. Sie sitzen beieinander am Lagerfeuer. Einer holt die Gitarre hervor. Sie singen und schwatzen. Dann werden Adressen ausgetauscht. Als sich Isa an diesem Abend in den Schlafsack kuschelt, ist sie glücklich. Neben ihr, in der Tasche die schon fürsorglich gepackt ist, liegen viele Visitenkarten und handgeschriebene Adressenzettel. Sie wird zu all ihren neuen Freunden Kontakt halten. Der nächste Morgen ist trübe und wolkenverhangen. Man beeilt sich mit dem Zeltabbau, um noch alles vor dem Regen in den Autos zu haben. Isa braucht etwas länger, da sie die Aale nur schwer aus dem Boden

bekommt und auch das Zusammenfalten des Zeltes für einen alleine ziemlich schwierig ist. Die neugewonnenen Freunde bemerken nicht, wie sich Isa quält. Endlich hat sie alles zusammengerollt. Sie beugt sich gerade über den Kofferraum ihrer kleinen „Zitrone“ um die Campingsachen zu verstauen. Da wird sie von hinten gerufen. „Isa, kannst du noch was von mir mitnehmen? Ich hole es dann bei dir ab.“ Ohne hoch zu schauen sagt Isa: „Ja.“ In ihrem Auto ist noch viel Platz. Es wird kein Problem sein noch eine Tasche mehr ein zu packen.
„Nimmst du von mir auch was mit? Von mir auch? Von mir auch?“
„Okay“ ruft Isa und schiebt das Zelt im Kofferraum an den rechten Platz. Als sie sich wieder aufrichtet, starten bereits die Autos der Anderen und bevor sie versteht, was da gerade geschehen ist, rollen die Fahrzeuge vom Zeltplatz. Isa traut ihren Augen nicht. Da stehen drei große Koffer, ein Dreirad, ein Fahrrad und Müll. Überall, wo vorher die Zelte standen, fliegt Müll und Abfall rum. Und der Himmel wird langsam schwarz. Die Urlauberin muss sich beeilen.
Die junge Frau beginnt hastig Ordnung zu machen. Sie stopft den Müll in blaue Säcke. Dann klappt sie die Rückbank ihres Autos herunter und versucht das Rad hinein zu wuchten. Sie hebt und schiebt mit Leibeskräften. Aber es will ihr einfach nicht gelingen. Immer unruhiger und hektischer wird sie. Panik breitet sich aus. Wie soll sie das hier nur alles bewältigen?
Da kommt ein junger Mann vorbei. Soll sie ihn um Hilfe bitten? Nein, Isa traut sich nicht. Er wird doch wohl sehen wie es ihr geht. Er wird bestimmt von alleine zufassen. Doch „er“ tut nicht der gleichen. Er sieht ihr zu und beginnt zu spotten: „Wie kann man nur so blöd sein so viel Krempel mit in den Urlaub zu nehmen. Oder bist du einfach nur zu dumm um dein Auto zu packen?“ Grinsend läuft er weiter, denn nun beginnt es auch noch in Strömen zu Regnen. Ein Wolkenbruch taucht den Zeltplatz in eine graue Wasserwand. Jeder der kann sucht ein schützendes Dach auf. Doch für Isa gibt es keinen Schutz mehr.
Das war zu viel für die geplagte Frau. Ihre Kräfte sind am Ende. Sie sinkt neben dem Auto nieder und weint und weint. Ihr Tränen schütteln den zarten Körper. Sie quellen aus ihr heraus und mischen sich mit den dicken Tropfen des Himmels.
Da klingelt der Wecker. Isa erwacht. Auf ihrem Gesicht spürt sie noch die Tränen. Mühsam erhebt sie sich. Der Traum hängt wie eine dunkle Gewitterwolke über ihren Augen. Erleichtert, dass dies alles nicht geschehen ist, spürt sie doch sehr wohl, dass etwas anders werden muss in ihrem Leben. Aber was? Sie hatte doch immer nach dem Grundsatz gelebt, den ihr die Mutter beigebracht hatte: „Sei immer und zu jedermann zuvorkommend und hilfsbereit!“
Hatte sie dabei irgendetwas vergessen?

Der Puppenspieler

Es war einmal ein Puppenspieler. Der lebte mit seinem kleinen Sohn ganz allein in einem schönen großen Haus. Viel Platz hatte er dort. Aber keinen Menschen um mit ihm zu sprechen und für seinen Sohn keine Freunde.
Darum schnitzte er Marionetten. Es waren richtig schöne große Figuren. So groß wie sein Sohn.
Da gab es König und Königin;
Prinz und Prinzessin;
Diener, Bauern, Handwerker, Beamte,
Räuber und Gendarm;
Wolf und Rotkäppchen;
Kasper und Großmutter u.s.w.
Er baute auch eine richtige Stadt mit allem was dazu gehört – Rathaus, Schloss, Bürgerhäuser und vieles mehr. All das baute er auf einer großen Bühne auf.
Der große Meister spielte oft für seinen Sohn mit den Marionetten. Doch er merkte bald, dass diese hölzernen Gestalten keine Freunde für den Sohn und keine Gesprächspartner für ihn waren. Sie waren stumm und man konnte sie nicht lieb haben. Darum hauchte er ihnen den Atem des Lebens ein.
Nun konnte ein anderes, ein besseres Spiel beginnen. Die Figuren konnten reden und handeln wie sie wollten. Der Puppenspieler sprach auch oft mit ihnen. Doch wenn einer Unfug machte, griff der Meister zu den Stricken und dirigiert das Spiel. Der Räuber durfte die Prinzessin nicht entführen.
Der Wolf konnte das Rotkäppchen nicht auffressen.
Wenn etwas nicht in Ordnung war, dann griff der Meister ein und ordnet alles zum Guten. Der Meister und sein Sohn hatten viel Freude mit den Marionetten.
Bis – ja, bis es eines Tages einen Aufstand der Puppen gab. Eine richtige Revolte.
„Wir wollen frei sein!" riefen die Figuren auf der Bühne. Nimm uns die Fesseln ab! Zerschneide die Bande die uns an dich ketten." Der große Meister weinte. Er ahnte schon was passieren würde, wenn er nicht mehr das Spiel ordnen konnte. Aber er liebte seine Geschöpfe so sehr, dass er ihnen die Freiheit schenkte.
Er gab ihnen noch ein paar Lebensregeln mit und löste dann die Fäden.
Zunächst ging alles gut. Die lebendigen Marionetten hielten sich an die Regeln des Meisters. Aber nach und nach vergaßen sie alles. Ganz langsam veränderte sich das Leben auf der Bühne.
Der König unterdrückte sein Volk und forderte, dass alle für ihn arbeiten sollten

Die Räuber wurden wild, schlugen um sich und zerstören, was ihnen unter die Finger kam.
Der Wolf fraß das Rotkäppchen und der Kasper verprügelte die Großmutter.
Der große Meister sah das alles und wurde sehr traurig. Er sprach mit seinen Geschöpfen und erinnerte sie an die Spielregeln. Einige hörten auf ihn und versuchten die alte Ordnung wieder her zu stellen. Die anderen aber lachten: „Wir sind frei! Wir brauchen deine Spielregeln nicht mehr."
Es wurde immer schlimmer. Eines Tages entschied sich der Meister unter Tränen: „Ich schicke meinen Sohn aufs Spielfeld. Er wird mit den Geschöpfen leben. Sie werden auf ihn besser hören, denn er ist ihnen näher als ich."
Gesagt getan. Mit großer Sorge setzte er seinen Sohn auf die Bühne. Einige Geschöpfe waren hoch erfreut. „Der Sohn des Meisters wird uns retten!" riefen sie und liefen ihm hinterher, um von ihm zu lernen.
Andere aber schimpften
„Er ist nicht so wie wir. Er ist anders. Was will er bei uns?"
„Er ist unbequem und behindert uns."
„Er will uns die Macht nehmen."
„Er will uns die Freiheit rauben."
Der große Meister schaute besorgt auf das Spielfeld und dachte:
„Es ist doch mein Sohn, der Sohn ihres Schöpfers. Wie können die Geschöpfe nur so unmöglich zu ihm sein."
Dann musste er mit ansehen, wie sein Sohn übel misshandelt und danach vom Spielfeld gestoßen wurde. Er fing ihn mit seinen starken Vaterarmen auf und trug ihn davon, um seine Wunden zu reinigen. Es dauerte drei Tage, bis der Sohn wieder beim Vater fröhlich sein konnte.
Der Puppenspieler fing auch andere Geschöpfe auf, die von der Spielfläche gestoßen wurden. Bei ihm gab es keine Zerstörung. Doch die Trauer um jedes einzelne seiner geliebten Geschöpfe blieb.
Die Zeit verging. Das Spielfeld verlotterte immer mehr. Es war schon lange nicht mehr so schön, wie zu der Zeit als er es geschaffen hatte. Dennoch behielt er es im Blick. Es war ja sein Werk.
Wenn es einige Geschöpfe besonders schlimm erwischt hatte, dann redeten sie mit dem Meister. Sie forderten:
„Nimm die anderen wieder an die Leine. Es ist ja schlimm mit denen. Sie sollen wieder Marionetten sein."
Doch der Meister ließ sich nicht darauf ein. „Entweder alle oder keiner", sagte er. „Du kannst nicht für dich Freiheit wollen und sie dem anderen nehmen." Doch keines der Geschöpfe wollte selber wieder eine Marionette sein.
So blieb die Freiheit und es blieb das Leid.
Wenn eins der Geschöpfe besonders inbrünstig mit dem Schöpfer sprach, dann gab er Hilfestellung. Er reichte seine Hand, damit die

Geschöpfe nicht in den Abgrund stürzten. Er gab Hinweise, wie sie ihr Leben schaffen konnten und erinnerte an die Regeln der Anfangszeit.
So blieb der Meister in Kontakt mit seinen Geschöpfen.
Aber die gewünschte Freiheit, die nahm er ihnen nicht wieder weg.
Oft saßen der Meister und sein Sohn vor der Bühne und weinten. Sie waren tief traurig, wenn die Geschöpfe wieder einmal nicht zuhören wollten und einander Schaden zufügten.
Und so sitzen sie noch heute.
Und sie warten auf den Tag, wo das Spiel zu Ende ist und sie ein neues Spielfeld bauen.
Und dann; so hat sich der große Meister vorgenommen, dann werde ich es so bauen, dass ich selbst mitten unter ihnen wohnen kann.

Ostern für Harry

Er lag da, still mit gefalteten Händen, der Alte. Die Tochter saß an seinem Bett. Immer wieder einmal streichelte sie ihm die Hände, zaghaft, als fürchte sie durch ihre Berührung die Würde des Augenblickes zu zerstören. Sie wussten es beide, dass ihm nicht mehr viel Zeit bleibt.
„Ich muss dir noch etwas erzählen." Die Stimme des Sterbenden war ungewöhnlich fest. So deutlich hatte er schon lange nicht mehr gesprochen. Seit dem Schlaganfall kämpfte er mit den Worten. Doch jetzt strömten die Sätze klar und sicher aus ihm heraus.
Ich war im 2. Weltkrieg an der Front als Pfarrer für die Soldaten eingesetzt. Meine Aufgabe war es, sonntags einen Gottesdienst mit den Soldaten zu feiern. Ich musste auch die Vorbereitungen selber machen. Es gab keinen Küster.
An einem Sonntag hatte ich wieder damit zu tun, den Raum her zu richten.
Ich stellte einen Tisch in die Mitte und legte das schlichte Holzkreuz und die Bibel darauf. Dann ordnete ich die Stühle und erledigte noch einiges, was man halt so tut.
Als ich von meiner Tätigkeit aufschaute und in Richtung Altartisch blickte, sah ich plötzlich eine Gestalt neben dem Altar stehen.
Sie sah mich mit ernsten, leidenden und mitleidvollen Augen an.
Ich wusste, ohne es mir erklären zu können: „Das ist Christus."
Mir zitterten die Beine so stark, dass ich mich setzen musste.
Es war nur ein ganz kleiner Augenblick. Und doch hat er mein Leben völlig umgeworfen. Immer wenn ich Angst hatte, habe ich die Augen geschlossen und dieses Gesicht wieder vor mir gesehen. Da ist die Angst verflogen und ich bin ganz ruhig geworden. Sogar als ich jahrelang in russischer Gefangenschaft furchtbar zu leiden hatte.
Ich habe Christus gesehen. Mir kann nichts mehr geschehen."
Eine Weile herrschte Schweigen zwischen Vater und Tochter. Endlich sprach die Frau aus, was ihr auf der Seele lag.
„Warum erst jetzt, Vater? Warum sagst du es mir erst jetzt?"
Schweigen. Langes Schweigen.
Dann die wenigen, jetzt wieder mühsam gesprochenen Worte.
„Ich konnte es nicht. Ich hatte keine Worte."
Sie nahm wieder seine Hand und streichelte sie beruhigend." Ja" sagten ihre Hände. „Ich verstehe dich. Danke. Danke dass du dieses wundervolle Geheimnis nicht mit ins Grab nimmst."

Die Suche nach dem immergrünen Tal

eine Ostergeschichte

In einem sehr gebirgigen Land gibt es die Legende von einem immergrünen Tal. Kein Mensch hat es je gesehen. Aber ein Bergführer behauptet, den Weg dorthin zu kennen.
Eine große Gruppe Wanderfreunde beschließt sich von dem Bergführer dorthin bringen zu lassen.
Man bereitet sich auf eine mehrtägige Wanderung vor. Essen wird organisiert, Zelte und Schlafsäcke. Ein paar Helfer zum Tragen der Lasten werden angeheuert. Dann geht es endlich los.
Erst ist der Weg groß, breit und bequem. Dann geht es auf kleineren Pfaden weiter. Schon nach dem ersten Tag teilt der Bergführer die Gruppe. Die schnellen Läufer machen den Anfang. Die anderen dürfen in ihrem eigenen Tempo etwas langsamer nach kommen.
Der Bergführer erklärt, wie er den Weg markiert und lässt sich das Versprechen geben, das niemand diesen Weg verlässt. Es geht weiter und wird immer beschwerlicher.
Nach vielen Tagen kommt die erste Gruppe zu einer engen Schlucht. Ein reißender Fluss fließt dort hindurch, der Fußpfad ist überschwemmt und es scheint nicht weiter zu gehen.
Der Bergführer lässt die Gruppe sich lagern. Er will alleine vorweggehen und den Weg erkunden. Behutsam tastend, watet er durch das reißende Wasser. Bald ist er nicht mehr zu sehen. Die Gruppe wartet. Eine Stunde, zwei Stunden ...
Endtäuschung macht sich breit. „Der kommt nicht wieder“, sagen die Ersten und Einige von ihnen machen sich auf den Heimweg. Es war alles umsonst.
Diejenigen die zurückkehren treffen bald auf die andere Gruppe. Als die Ersten vom Verschwinden des Bergführers erzählen macht sich Resignation breit. Plötzlich merken sie, das ihnen schon lange die Kraft für diesen beschwerlichen Weg fehlt. Müdigkeit lähmt die Glieder. Weitergehen kann nun keiner mehr und manchem fehlt sogar die Energie das Zelt aufzubauen. Die Stimmung sinkt auf den Nullpunkt. Wie soll es bloß weiter gehen?
Zwei Tage verrinnen. Zwei Tage Ungewissheit und warten. Dann endlich, am Morgen des dritten Tages ruft jemand: „Er kommt. Seht nur er kommt.“
Tatsächlich.
Der Bergführer kommt durch die enge Schlucht zurück.
Er erzählt, das er das immergrüne Tal gefunden hat. Der Weg ist richtig und das Ziel nicht mehr weit.
Aber der Weg ist eng und gefährlich. Sie werden alle auf seine Hilfe angewiesen sein. Es können auch nicht alle auf einmal durchgehen. Also schön der Reihe nach. Und so ordnet der Bergführer an: „Ihr kommt als

nächstes mit mir mit. Ihr bleibt hier und versorgt das Lager. Ihr habt flinke Beine, ihr geht zurück um den Anderen zu erzählen, dass der Weg gefunden ist."
Man kann sich gut vorstellen, was diese Nachricht bewirkt hat.
Die Resignation ist verflogen. Alle sind motiviert und haben plötzlich erstaunlich viel Energie zurückgewonnen.
Die Leute aus der zurückgebliebenen Gruppe stehen wieder auf und machen sich auf den Weg. Die Müdigkeit ist verflogen.
Auf geht's, dem Ziel entgegen.
Man greift sich unter die Arme. Der Weg scheint plötzlich viel leichter zu sein. Ein fröhliches Lied wird gesungen oder gepfiffen und manch einer reißt einen Witz oder macht einen Scherz.
Die Spannung, die Neugierde ist wieder da und beflügelt die Wanderer.
Weil der Bergführer zurückgekehrt ist, haben die anderen Kraft für ihren Weg.
Und dann gehen sie, einer nach dem anderen – vertrauensvoll an der Hand des Bergführers durch die enge Schlucht der immergrünen Bergwiese entgegen.

2. Engelsgeschichten

Der Engel im Hof

„Großmutter, glaubst du an Schutzengel?“
Die alte Frau sitzt am Schreibtisch. Sie liest gerade in einem interessanten Buch über geschichtliche Ereignisse. Erstaunt sieht sie auf. Die Enkelin, eine junge Studentin, ist fast lautlos eingetreten. Die Frage kam unvermittelt. Die beiden Frauen sehen sich an.
„Wie kommst du zu dieser Frage? Gerade du, wo du doch so ein Kopfmensch bist.“
„Nun, darum kann ich mir doch auch Gedanken machen über Dinge, die nichts mit Naturwissenschaft zu tun haben. Oder?“
„Ja!“
„Was meinst du mit Ja? Ja, ich kann mir Gedanken darum machen, oder ja, du glaubst an Schutzengel.“
Die alte Frau schweigt. Dann klappt sie das Buch zu, steht vom Schreibtisch auf und geht auf die Enkelin zu.
Setz dich hier her aufs Sofa. Ich will dir etwas erzählen.
Die Enkelin kuschelt sich auf dem Sofa in eine Ecke. Mit angezogenen Beinen und großen Augen sieht sie auf das Gesicht ihrer Großmutter. Die alte weißhaarige Dame hat im Sessel Platz genommen. Sie lehnt sich zurück, schweigt einen Moment als müsste sie sich auf etwas besinnen, dass tief in ihr verborgen war. Das junge Mädchen spürte, was sie jetzt erzählt, wird keine erfundene Geschichte sein. Es ist auch nichts, was irgendjemand anderes erlebt oder aufgeschrieben hat. Nein, das ist eine ganz persönliche Erfahrung.
„Erinnerst du dich an deinen Großvater? Er hatte es nicht leicht. Als junger Mann hat er den Krieg erlebt. Und die Gefangenschaft in Russland hat ihn fast umgebracht. Dennoch war er ein fröhlicher Mensch, der sich nie beklagt hat. Als ich ihn kennen lernte, hat mich vor allem diese Ruhe und Gewissheit fasziniert. Ich habe ihn oft gefragt, woher er seine Kraft nimmt. Aber er hat immer nur gelächelt und mir nie darauf geantwortet. Erst am Ende seines Lebens, als er auf dem Sterbebett lag, da hat er es mir erzählt.
Er sprach davon, wie er so total verzweifelt gewesen sei, nach dem Krieg und der Gefangenschaft. Damals, als er endlich wieder heimkehren durfte. Das Leben in Freiheit war ihm fremd geworden. Alles was er liebte war im Krieg zerstört worden. Eines Abends saß er in seiner Wohnung am Fenster. Er hatte sich kein Licht gemacht. Die Dunkelheit um ihn herum war Ausdruck seiner inneren Dunkelheit. Da bemerkte er mit Verwunderung, dass es draußen im Hof hell wurde. Ein Licht von einer Wärme und Strahlkraft, die niemand beschreiben kann, ging vor rüber. In diesem Licht erkannte er einen Engel. Dein Opa wusste, dass es nicht irgendein Engel war, sondern sein persönlicher

Schutzengel. Sie haben nicht miteinander gesprochen. Nur angesehen haben sie einander. Und in diesem Blick des Engels lag Mut und Kraft und Hoffnung. Und immer wenn er später traurig war oder sich kraftlos fühlte, dann hat er in sich den Blick des Engels wieder gesehen. Und daraus hat er Kraft geschöpft. Sein ganzes Leben lang".
„Und du glaubst ihm das, Großmama?" wollte die verwunderte Enkelin wissen.
Die alte Dame lächelte. Es lag eine Milde und Güte in ihren Augen, dass es dem jungen Mädel ganz warm wurde. Und sie dachte: „Eigentlich hätte ich mir diese Frage sparen können." Aber die Großmutter antwortete schlicht und einfach:
„Ja, ich glaube ihm!"

Die Engelsfeder

Ruth war eine wahre Perle der Gemeinde. Schon immer hatte sie viel Zeit für ihren Dienst in der Kirche geopfert. Aber seit sie im Altersübergang war, kam sie fast jeden Tag ins Gemeindezentrum. Sie reinigte den Christenlehreraum, kochte Kaffee für die Senioren und hörte den Sorgen der Jugendlichen zu. Besonders liebevoll schmückte sie den Altar. Die Blumengebinde die sie zauberte waren eine reine Pracht. Es gab wohl niemanden in der Gemeinde, der diese schlichte fromme Frau nicht gern hatte. Bei ihr waren Glaube und Werke harmonisch miteinander verbunden. Aber eigentlich wusste kaum jemand etwas von ihrem Leben. Das änderte sich eines Tages.
Es war ein stürmischer regnerischer Herbsttag. Man musste sich schon richtig einmummeln um nicht zu frieren. Da kam Ruth mit einem eigenwilligen Halsschmuck ins Gemeindehaus. An einem Lederband trug sie indianischen Federschmuck. Die Jugendlichen waren geschockt. „Ruth wie kannst du nur so einen heidnischen Schmuck tragen? Weißt du nicht, dass dies ein Traumfänger ist?" Ruth sah die aufgebrachten Redner kaum an. Ihr Blick ging an ihnen vorbei in eine andere Welt. „Nein. Für mich sind das Engelsfedern."
„Aber..." die hitzköpfigen jungen Leute wollte mit Ruth in eine Diskussion einsteigen. Die aber wischte alle Argumente mit einer Handbewegung weg und sagte nur: „Wenn ihr die Geschichte hören wollt, dann kommt mich Samstag Nachmittag besuchen. 15.00 Uhr steht Kuchen für euch auf dem Tisch."
Es wurde Samstag. In Ruths kleiner Wohnung duftete es nach Kaffee und Kuchen. Blaue Kerzen standen in weißen Leuchtern und ein kleiner

Strauß Herbstastern rundete das Bild ab. Und nun saßen sie alle eng beieinander. Sie genossen die warme Atmosphäre und schwatzten wild durcheinander. Als die Tassen leer und die Mägen voll waren, kehrte Stille ein. „Kommt jetzt die Geschichte?“ Ruth lehnt sich in ihrem Sessel zurück, schaut die Jugendlichen an und atmet tief durch. Dann begann sie mit sanfter, leiser Stimme zu sprechen.

„Ja....

Es ist schon eine sehr lange Zeit her. Ich habe die Jahre nicht gezählt, die seit dem vergangen sind. Damals kannte ich einen wundervollen Menschen. Er trug eine tiefe Sehnsucht nach Gott in seinem Herzen. Ich habe nie wieder einen Menschen kennen gelernt, der so stark auf der Suche nach der Liebe des Schöpfers war. Dabei kenne ich wahrlich viele Christen.

Dieser junge Mann hat mich sehr geprägt. Er war mein „Anam Cara“ mein Seelenfreund. Wir sahen uns nicht oft. Aber wenn wir zusammen waren, sprachen wir fast immer über Gott und über das Leben. Wir erzählten uns von der Sehnsucht danach, an der Schwelle zu Gottes Reich zu stehen, um einen Blick in den himmlischen Thronsaal zu werfen. Oder wir sprachen über die Schwierigkeit sich komplett fallen zu lassen in Gottes Hände. Manchmal ging eine große Traurigkeit von ihm aus. Dann litt er darunter, dass die Perlen des Glaubens so tief im Ozean des Lebens verborgen sind. Aber meistens lebte er in einer großen Kraft und Heiterkeit. Eine Heiterkeit die nur aus einem tiefen Gottvertrauen entspringt. Mit dieser Freude und Leichtigkeit hat er mich immer wieder gestärkt, wenn ich nur Dunkel und Schweres um mich gesehen habe.

Tja und dann.

Dann wurde er totkrank. Es war ein langsames Sterben. Ein halbes Jahr lang quälte er sich. Manchmal wurde es etwas besser. Dann hatten wir die Hoffnung, dass Gott ihm eine zweite Chance gibt. Aber die Phasen wo es ihm gut ging, wurden immer kürzer. Es war ab zu sehen, dass er sterben würde. Von Woche zu Woche quälte auch ich mich immer mehr. Ich sah ihn leiden und konnte nichts tun. Das war furchtbar. Ich flehte Gott an, er möge ihn mir nicht wegnehmen. Aber – der Mensch denkt und Gott lenkt.

Einmal, als es ihm gerade etwas besser ging, lud er mich zu einem Spaziergang ein. Wir liefen ein wenig in den Wald hinein. Dann machten wir auf einer Bank Rast. Es war sonnig und warm. Ein tiefer Frieden lag auf dem Land. Da zog er aus seiner Jackentasche eine Feder heraus, so eine kleine leichte Flaumfeder. Er reichte sie mir und sagte:

„Das ist eine Engelsfeder. Sie gehört dem Engel der Leichtigkeit – deinem Schutzengel. Ich schenke sie dir, damit du durch sie Schutz, Wärme und Leichtigkeit spürst. Wenn du traurig bist, dann streichle dich mit dieser Feder. Spüre ihre Wärme, die sanft ist und nicht erdrückt. Und dann kitzle dich mit ihr an der Nase, bis du lachen musst. Diese kleine

Feder lässt dich deinen Schutzengel sehen. Du wirst dich nicht mehr so allein fühlen und du wirst froh werden."
Als er sie mir geschenkt hat, konnte ich die Freude und Kraft spüren, welche diese Feder symbolisierte. Ich trug sie ständig bei mir. Doch ich merkte auch bald, wie leicht man so eine Feder verlieren kann. Rasch konnte sie von einem kleinen Wind erfasst werden und dann flatterte sie davon und niemand konnte sie aufhalten. War es mit dem Glauben auch so? Konnte der auch so leicht davon flattern wie eine Feder im Wind?
Ja das konnte schon passieren. Bei mir jedenfalls war es so.
Als mein Seelenbruder starb war ich sehr wütend auf Gott. Das könnt ihr euch gar nicht vorstellen. Ich habe geschrieen. Ja, ich habe echt Gott angeschrieen. „Gott wie kannst du es zulassen, dass so ein junger Mensch stirbt. Wir hätten ihn auf dieser Erde noch gut gebrauchen können. Du bist hartherzig Gott, nimmst ihn einfach weg. Nimmst ihn mir weg. Wie soll ich denn bloß weiterleben ohne ihn? Ich hasse dich, Gott!"
So vermessen war ich, dass ich mit Gott gehadert habe. Viele Tränen sind geflossen. Die Engelsfeder habe ich natürlich gleich vernichtet. Im Ofen ist sie gelandet. Ich dachte: Leichtigkeit, Wärme, Schutz ... das alles gibt es für mich nicht mehr.
Wochen – Monate- Jahre vergingen, in denen ich voller Hass und Wut war.
Dann ist etwas Seltsames passiert. Ich gehe über den Marktplatz und da flattert eine leichte Flaumfeder übers Pflaster. Ich gehe im Wald spazieren und plötzlich rieselt so eine kleine Feder vom Baum herab. Direkt vor meinen Augen. Immer öfter sah ich kleine leichte Kuschelfedern. Und jedes Mal dachte ich an die Engelsfeder und ich musste lächeln. Plötzlich begriff ich, was ich für ein Geschenk in den Händen trug. Gott hatte mir zwar einen Freund genommen. Aber er hatte mir einen Kraftquell zurückgelassen. Die Federn des Engels der Leichtigkeit. Da plötzlich war eine große Dankbarkeit in mir und ich bat Gott um Vergebung, weil ich so wütend auf ihn war."
Ruth hatte aufgehört zu reden. Es war still. Nur die Uhr an der Wand tickte hörbar. Keiner wagte sich zu rühren.
„Tja" sagte Ruth. Und jetzt war ihre Stimme nicht mehr leise und versonnen, sondern fröhlich und stark. „Als ich neulich in der Stadt diesen Federschmuck sah, da musste ich wieder an die Engelsfeder denken. Und da konnte ich nicht widerstehen und musste mir diesen Halsschmuck kaufen. Für euch ist es ein Traumfänger. Aber für mich sind das die Federn des Engels der Leichtigkeit. Jetzt wisst ihr es. Will noch jemand ein Stück Kuchen?"
Der Bann war gebrochen. Die jungen Leute begannen wieder laut und fröhlich zu schwatzen. Und dann verabschiedete sich einer nach dem anderen. Niemand wagte Ruth noch etwas zu fragen. Aber in den Tagen danach, trugen immer mehr Jugendliche Halsschmuck aus Federn.

Engel auf vier Pfoten

„Frau Pastorin, können sie sich vorstellen, dass ein Schutzengel auch ganz seltsame Formen annehmen kann?"
Die alte Frau sitzt mir gegenüber an einem kleinen Tisch in ihrer gemütlichen Wohnstube. Wir trinken Kaffee. Sie hat mir vom Tod ihres Mannes erzählt, und wie schwer es jetzt ist, so ganz alleine zu sein. Aber sie sprach auch davon, welchen Trost ihr der Glaube an Gott gibt.
Dann, nach einer kleinen Zeit des Schweigens, in der sie ihren Gedanken nach gehangen hatte, stellte sie diese merkwürdige Frage.
„Engel in seltsamer Gestalt. Was meinen sie damit?" wollte ich wissen.
„Ach eigentlich kann man das nicht erzählen. Das glaubt sowieso niemand. Irgendwie ist es so ...?" die alte Dame rutscht unruhig auf ihrem Stuhl hin und her. Es scheint so, als wenn es ihr schon leid tut, dass sie davon angefangen hat. Aber nun gibt es kein Zurück mehr. Jetzt möchte ich schon gerne wissen, woran sie denkt.
„Es gibt mehr Dinge zwischen Himmel und Erde, als wir modernen Menschen glauben. Erzählen sie mir ruhig, was sie erlebt haben. Ich freue mich, wenn ich an ihren Erfahrungen teilhaben darf."
„Es ist nicht mein Erlebnis. Meine Mutter hat mir davon berichtet. Sie war noch eine ganz junge Frau. Da musste sie zur Arbeit ins nächste Dorf gehen. Der Weg war nicht so ausgebaut wie heute. Es gab ja auch kaum Autos. Die Pferdewagen polterten mächtig, wenn sie dort entlang rollten. Es war eben nur ein steiniger Feldweg. Etwa auf halber Strecke führt der Weg durch ein kleines Wäldchen. Dort war es auch tagsüber immer sehr dämmrig. Die jungen Leute erzählten sich Gruselgeschichten über all die Dinge die dort geschehen sein sollten. Durch dieses Wäldchen würde meine Mutter nun zweimal täglich gehen. Früh, wenn sie zur Arbeit musste und nachmittags auf dem Heimweg. So jedenfalls war es, wenn sie Normalschicht hatte. Manchmal aber hatte sie Spätschicht. Dann war es Nacht, wenn sie den Heimweg antrat. Meine Mutter hatte große Furcht, als sie das erste Mal im Dunkeln durch den Wald gehen musste. Überall knisterte und raschelte es. Sie wäre vor Angst beinahe gestorben. Auch am zweiten und dritten Tag war das nicht anders. Die Angst wurde einfach nicht geringer.
Am vierten Tag geschah dann etwas merkwürdiges. Kurz bevor der Weg in den Wald hinein führte kam ein kleiner Hund die Straße entlang. Er lief direkt auf meine Mutter zu. Es war kein besonders schöner Hund. Nur so eine Art „Promenadenmischung". Aber meine Mutter liebte Hunde. Und so beugte sie sich zu ihm hinunter und kraulte ihm das Fell. „Nun du mein kleiner Schatz. Wo kommst du denn her? Hast du dich verlaufen und begleitest mich nun hinunter ins Dorf? Das ist aber lieb von dir." Der Hund wedelte mit dem Schwanz, als ob er alles verstehen würde. Dann ging meine Mutter weiter. Der Hund blieb immer dicht hinter ihr. Das gab

ihr ein beruhigendes Gefühl. Sie pfiff fröhlich vor sich hin und der Hund bellte, als wolle er mitsingen.
Der Wald lichtete sich, in der Ferne war das Dorf zu sehen. Meine Mutter überlegte schon, in welchem Gehöft sie den kleinen Stromer abliefern musste. Sie konnte sich nicht erinnern, wer diesen Hund sein eigen nannte. Aber sie brauchte sich nicht lange darüber Gedanken zu machen. Als sie die letzten Bäume hinter sich gelassen hatte, lief der Hund zurück in den Wald und verschwand im Unterholz. Meine Mutter rief und lockte ihn. Aber er kam nicht wieder. Verwundert setzte sie ihren Weg fort.
In den nächsten Tagen und Wochen geschah immer das gleiche. Jedes mal, wenn meine Mutter nach dem Spätdienst heimwärts ging, lief ihr der Hund vom Wald aus entgegen. Er begleitete sie durch die Dunkelheit. Der Strolch wurde immer zutraulicher. Meine Mutter erwartete ihn mit Freude. Es tat ihr gut, diesen kleinen Begleiter zu haben. Sie fühlte sich sicher und geborgen und hatte keine Angst mehr. Aber wenn sie den Wald verlies, dann verschwand ihr Beschützer.
Wochen und Monate vergingen. Meine Mutter heiratete und wurde mit meinem ältesten Bruder schwanger. Da gab sie ihre Arbeit auf. Nun musste sie nicht mehr nachts durch den Wald gehen. Den Hund hat sie nie wieder gesehen. Aber immer, wenn sie einmal Angst hatte, dann dachte sie an diesen kleinen Hund. Und jedes Mal spürte sie dann in sich die Gewissheit: Ich bin nicht allein. Mir kann nichts geschehen."
Die Frau schwieg. Dann schaute sie mich unsicher an.
„Kann denn ein Hund ein Schutzengel sein?"
Ich lächle: „Was denken sie?"
„Na irgendwie schon. Bei meiner Mutter war das so."
„Dann brauchen wir doch auch nicht weiter danach fragen. Wir müssen uns nicht den Kopf zerbrechen, wie Gott uns behütet und bewacht. Hauptsache er tut es!"

Engel der Vergebung

Er sitzt an ihrem Bett, der Engel unsichtbar und dennoch voll Liebe ihr zugewandt. Sanft streichelt er die weiße Hand. Die kleine Frau schlägt die Augen auf. Mühsam schaut sie um sich. Die Schmerzen haben sie mürbe gemacht. Der Krebs frisst weiter – unaufhaltsam nimmt er ihr alles, reißt am seidenen Faden der sie noch im Leben hält.
Die Kranke spürt die Gegenwart des Todesengels im kargen Krankenhauszimmer.
„Komm doch mit mir." Wirbt der Engel um ihre Aufmerksamkeit. Doch sie erschrickt.
„Nein. Nein das geht nicht!" fast schreit sie es hinaus. Die Bettnachbarin sieht verwundert zu ihr herüber.
„Soll ich nach der Schwester klingeln" fragt sie teilnahmsvoll. Doch die Kranke schüttelt den Kopf. Was auch sollte sie sagen? Dass der Tod nach ihr ruft und sie noch lange nicht bereit ist zu gehen? Verstehen würde das niemand. Sie hatte doch ein gesegnetes Alter und außerdem alles gehabt was das Leben so bietet, so sagen die Menschen. Doch sie lacht bitter dazu. Hatte sie alles gehabt? Die Aufmerksamkeit der Männer, die hatte sie gewiss. Und Erfolg mit ihren Büchern auch. Die Menschen umwarben sie, schmeichelten ihr, wenn sie sie sahen. Doch hinter vorgehaltener Hand spotteten sie, gönnten ihr nicht den kleinen irdischen Ruhm. Nun, sie gönnte ihn sich selber nicht. Zu teuer war er erkauft worden. Der Preis war das verlorene Glück. Kein Mann hatte bei ihr länger als ein paar Jährchen ausgehalten. Und was noch schlimmer war: Sie hatte ihre Tochter verkauft. Nicht im wörtlichen Sinne natürlich. Aber sie war blind gewesen, als der Kleinen böses Leid zugefügt wurde, damals als sie noch ein Kind war.
„Komm mit mir" flüsterte der Engel an ihrem Bett. „Dann hören endlich die Schmerzen auf. Und du wirst sehen, alles wird gut."
„Ich kann nicht" flüstert sie zurück. „Meine Schuld wiegt zu schwer. Gott wird mich nicht annehmen in seinem Reich. Er wird mich verstoßen."
„Aber meine Liebe" flüstert der Engel zurück. „Du hast doch schon längst um Vergebung gebeten und deine Tochter hat dir diese Vergebung gewährt. Warum quälst du dich?"
Sie weint, die alte kleine Frau. Ja, die Lippen der Tochter sprachen von Vergebung. Doch ihr Leben, ihr Verhalten, ihre innere Kälte erzählten etwas anderes.
Da machte sich der Engel auf den Weg. Er flog durchs Telefon, ins Ohr der Tochter.
„Hast du schon gehört. Deine Mutter liegt im Sterben."
„Ach ja", sagt die Tochter und zuckt die Schulter. „Das tut sie schon seit zwei Jahren. Was geht es mich an?" „Sie ist deine Mutter" flüstert der Engel.

„Das hätte sie sein sollen, als ich Kind war. Doch das war sie nicht." Bitterkeit steigt in der Tochter auf. Der Schmerz vergangener Jahre drängt an die Oberfläche. Da rührt der Engel an ihre Seele. Harte Arbeit ist es für ihn den Gottesboten. Stark ist die Mauer, welche die Tochter um ihr Herz gebaut hat. Doch die Festung fällt.
Tage später klopft der Engel an die Tür des Krankenzimmers. „Sieh, wen ich dir mitgebracht habe."
Die Tochter kniet am Bett der Mutter. „Vergib mir bitte." Diesmal ist es die Tochter die diesen Satz mit zittern und zagen hervorbringt, denn sie weiß um die Schuld, welche sie allein zu verantworten hat: die Schuld der Lieblosigkeit. Ihre Bitte kommt aus der Tiefe von Angst und Sehnsucht. Die schmale Hand der Mutter streicht über den Kopf der Tochter. „Nein, nicht ich dir, sondern du mir. Vergib du mir." Tränen auch diesmal. Doch jetzt sind es Erlösungstränen. Vergebung.
„Warum erst jetzt?" fragt die Mutter den Engel, als sich die Tochter wieder auf den Heimweg gemacht hat.
„Weil es bisher noch nicht die rechte Zeit war." Dann reicht er der kleinen weißen Frau die Hände und sie lässt ihren letzten Atemzug zurück, um mit ihm in die himmlische Herrlichkeit zu fliegen.

Osterspaziergang

Die Sonne lächelt wohlig warm auf Wiesen und Bäume herab, als Erika ihr Auto am Wegesrand parkt. Behutsam setzt die alte Dame beide Füße auf den staubigen Feldweg und entsteigt ihrem kleinen gelben Käfer. Sie schließt das Auto per Knopfdruck, kontrolliert noch einmal, ob die Fahrertür tatsächlich nicht mehr zu öffnen ist und macht sich auf den Weg. Der Tag ist noch jung. Die Vögel stimmen gerade ihr Morgenlied an und die Frösche im Waldsee intonieren die zweite Stimme.
Erika wandert gedankenversunken dahin. Sie ist allein an diesem Ostermorgen. Niemand begleitet sie und auch kein unbekannter Wanderer kreuzt ihren Weg. Erika ist nicht gern allein. Lieber hätte sie einen vertrauter Menschen an ihrer Seite. Doch der Mann den sie einst liebte ist schon längst kein Vertrauter mehr und der Sohn muss sich an solch einem Tag seiner eigenen Familie widmen.
Etwas müde ist der Schritt der Spaziergängerin. Den Gesang der Vögel hört sie kaum. Sie riecht auch nicht den Duft der wilden Kirschblüten und sieht nicht wie herrlich sich das Weiß der blühenden Bäume vom Grün des dahinter liegenden Waldes abhebt.

Da plötzlich merkt Erika, wie jemand neben sie tritt. Ihre Sinne schärfen sich. Sie spürt ganz deutlich den warmen Atem ihres Begleiters. Gleichzeitig weiß sie, dass da keine Person neben ihr geht. Es ist ihr Schutzengel, der jetzt ganz sanft ihre Hand nimmt. Erika hebt den Kopf. Sie atmet tief durch und schaut und riecht und hört. Was sie gerade noch erdrückt hat, fällt von ihr ab. Eine tiefe Ruhe zieht in ihrer Seele ein. Wie schön. Nun ist sie nicht mehr allein. Die greifbare Nähe des Engels hat ihr die Augen geöffnet für die wundervolle Schöpfung um sie herum. Ihr Schritt wird fester. Fast beschwingt, leicht tanzend geht sie nun auf dem Weg weiter, der sie immer tiefer in den Wald hinein führt. Erika merkt nicht, wie weit sie schon gegangen ist, so sehr ist sie damit beschäftigt, alles in sich auf zu nehmen, was ihr begegnet. Sie bestaunt die kleinen Blütensternchen der Anemonen, die sich wie ein Teppich über den Waldboden ergießen. Die Schönheit der Baumwurzeln fällt ihr plötzlich auf und die zarte Eleganz der Ameisen und Käfer. Das Licht der Sonne, welches durch die hohen Bäume fällt, malt eigenwillige Schattenmuster auf den Weg. Erika breitet die Arme aus. Sie möchte diese wunderbare Welt am liebsten umarmen und ganz fest an sich drücken.

Als Erika sich satt gesehen hat, wendet sie sich ihrem unsichtbaren Begleiter zu. Ohne Worte spricht sie ihn an. „Sag mir, wie siehst du aus? Hast du zwei Flügel und ein langes weißes Gewand? Bist du immer bei mir, auch wenn ich dich nicht spüre? Oder gehst du nur heute mit mir mit, weil Ostern ist? Bist du nur für mich da? Und wo wirst du sein, wenn ich einmal nicht mehr bin?“

Erika hat genug gefragt. Nun will sie antworten hören. Aber sie hört sie nicht. Die alte Dame lauscht und lauscht. Sollte das die Antwort sein oder spricht da in ihrer Seele nur die eigene Sehnsucht? Sie war so leicht – die Antwort. Leicht wie eine Engelfeder.

„Ich bin so, wie du mich brauchst. Wenn du fliegen willst, habe ich Flügel. Wenn du Beständigkeit brauchst, bin ich dein Haus. Ich tanze mit dir in deinem Glück und spanne das Rettungsnetz, wenn du fällst. Und wenn du dereinst diese Welt verlässt, dann öffne ich dir die Tür und wir gehen Hand in Hand ins Licht.“

Der Waldweg hat sich gelichtet. Erika ist wieder auf dem Feldweg angekommen. Nur noch wenige Schritte trennen sie von ihrem Auto. Da erklingen vom nahen Dorf die Kirchenglocken. Verwundert schaut die Wanderin auf die Uhr. Es ist bereits Elf. Erika hat vollkommen die Zeit vergessen. Der Gottesdienst ist vorüber. Doch die Frau ist nicht traurig, dass sie ihn verpasst hat. Der Spaziergang mit ihrem Schutzengel hat ihr die Augen geöffnet und die Traurigkeit vertrieben. Sie setzt sich in ihr Auto, startet den Motor und summt beim losfahren den Ostergruß:

„Der Herr ist auferstanden. Er ist wahrhaftig auferstanden. Halleluja. Halleluja“

3. Lebensgeschichten

Das Feuer

Eine bunte Menschenmenge bewegt sich schwatzend und Bratwurst essend durch den Pfarrgarten. Nur zwei sitzen etwas abseits und können sich gar nicht so recht an dem fröhlichen Treiben beteiligen, eine alte Dame und ihre Tochter. Ich bin ein wenig besorgt und setze mich zu ihnen.
„Na Frau Treiber. Sie sind wohl gerade bei ihrer Tochter zu Besuch?"
Statt ihrer antwortet die Tochter:
„Nicht zu Besuch. Die Mutter wohnt jetzt erst einmal bei uns. Sie haben doch sicher von dem Brand in Merzdorf gehört. Das war mein Elternhaus. Es wird wohl noch Monate dauern bis meine Mutter und meine Schwester mit ihrer Familie dort wieder wohnen können."
Jetzt mischt sich die alte Frau ins Gespräch:
„Immer bin ich zur Kirche gegangen, jeden Sonntag. Und beten tu ich auch jeden Tag. Und dann so was. Warum hat Gott nicht auf uns aufgepasst?"
„Mutter. Wie kannst du so was sagen. Du weißt ganz genau dass wir ...„ die Tochter zögert etwas. Ihr Gesicht spiegelt Dankbarkeit und Verwirrung zugleich wider. Die alte Frau schaut ihre Tochter liebevoll an. Die Wut auf das Schicksal, welche einen Moment überhand gewonnen hatte, wandelt sich. Frau Treiber erklärt das Zögern ihrer Tochter: „Sie glaubt, wir hatten einen richtigen Schutzengel. Es ist irgendwie so unfassbar und kaum zu glauben."
Ich möchte gerne hören was diese beiden Frauen erlebt haben. Zögernd, nach Worten suchend beginnt die Tochter:
„Es kommt so vieles zusammen. Begonnen hat es mit einer Fahrt nach Dresden, die wir der Mutter geschenkt haben. Damit wir am Samstag früh gleich losfahren können, haben wir die Mutter schon mal zu uns geholt. Sie übernachtet sonst nie hier. Merzdorf ist ja nicht weit von uns entfernt und sie wissen ja: das eigene Bett ist immer das Beste. In dieser Nacht hat die Mutter eine Ausnahme gemacht.
Meine Schwester hat auch etwas getan, was sie noch nie gemacht hat. Sie hat am Abend das Telefon mit ans Bett genommen und auf das Nachtschränkchen gelegt. Es war völlig unnötig. Sie hatte keinen Anruf erwartet und normalerweise will man am Samstag früh keinen Anruf haben, sondern in Ruhe ausschlafen. An diesem einen Abend nahm sie das Telefon mit. Samstag früh noch vor 6.00 Uhr läutete das Telefon. Es war nur kurz, aber es hat ausgereicht um meine Schwester aus dem Schlaf zu reißen. Einmal geweckt stand sie auf um einen Blick aus dem Fenster zu werfen. „Mal sehen wie das Wetter wird." Was sie sah, war nicht das Wetter, sondern Rauchschwaden. Der ganze Hof lag in

schwarze Rauchschwaden gehüllt. Voller Angst rannte sie die Treppe hinauf. Auf dem ausgebauten Dachboden sind die Kinderzimmer. Als meine Schwester oben ankam schlugen ihr schon die Flammen entgegen. Sie hetzte zu den Kindern, riss sie aus ihren Betten und zerrte die beiden schlaftrunkenen Mädchen die Treppe herunter. Das ganze war eine Sache von Sekunden. Aber es hätte nicht länger dauern dürfen. Wenig später brannte das ganze Dach lichterloh. Wenn meine Schwester nicht geweckt worden wäre, dann wären die Mädchen im Rauch erstickt und vom Feuer verbrannt worden."

Wir schweigen eine Weile miteinander. Tränen der Rührung lassen die Worte versiegen. Ich bin eingetaucht in diese wundersame Geschichte von Vernichtung und Rettung. Die Menschen um mich herum verschwimmen zu einer lachenden Masse die sich im sicheren Abstand um uns bewegt, als wollten sie das Wunder nicht stören.

Die Geschichte ist noch nicht zu Ende:

„Meine Schwester rief uns an. Wir sind sofort zu ihr gefahren. Als ich das brennende Haus sah wusste ich, die Mutti hätte einen Herzinfarkt bekommen, wenn sie dort gewesen wäre. Dass sie bei uns übernachtet hatte, hat ihr das Leben gerettet.

Es waren viele Menschen da, die ich alle nicht kannte. Leute aus der Nachbarschaft und sogar aus Nachbardörfern. Sie waren nicht zum Gaffen gekommen sondern zum Helfen. Als der Brand unter Kontrolle war liefen sie ins Haus und holten die Möbel heraus und alles was sonst noch zu retten war. Die Polizei wollte das verhindern. Sie meinten das Haus sei so instabil, es könne jederzeit zusammenbrechen. Aber die Leute ließen sich nicht beirren. In der Scheune eines Nachbarn wurden die Sachen eingelagert. Auch später haben wir viel Hilfe erfahren. In der Schule meiner Nichten wurde gesammelt und auch sonst haben die Menschen geholfen, wo sie nur konnten."

Nun nimmt die alte Dame noch einmal das Wort:

„Wir wissen bis heute noch nicht, wer an dem Morgen bei uns in Merzdorf angerufen hat. Aber meine Tochter glaubt, dass es unser Schutzengel war."

„Ja" sagt die Tochter. „Und er hat auch dafür gesorgt, dass du nicht im Hause warst. Sicher, das Haus ist verloren. Aber euer Leben ist gerettet. Das ist doch wohl das Wichtigste!"

Die alte Frau Treiber nickt und sieht ihre Tochter mit Augen der Dankbarkeit an.

„Ja, das musst du mir nur immer mal wieder sagen."

Geliebte Oma

Ich sehe dich noch vor mir, so wie ich dich gestern gesehen habe. Bleich ist deine Haut, unterscheidet sich nicht vom Weiß des Bettlakens. Zu viert liegt ihr im Zimmer. Mich gruselt, wenn ich daran denke wie eure Nächte aussehen. Vier alte Menschen, die husten und stöhnen. Gegenseitig stört ihr euren so nötigen Nachtschlaf. Irgendeine von euch wird vor Schmerzen stöhnen und nach der Schwester klingeln. So werden auch die anderen wach. Und dann liegt ihr im Dunkeln, hört den Atem der Mitpatienten und spürt ihre Schmerzen. Als wenn die eigenen nicht schon schlimm genug währen.
Oder ist es anders? Hörst du sie gar nicht mehr, die Frauen im Zimmer? Bist schon weit entfernt von ihnen in einem anderen Land und einer anderen Zeit? Bist schon auf dem Weg? Wohin?
Ach Oma. Ich habe mich so hilflos gefühlt, an deinem Bett. Was kann ich dir nur Gutes tun? Du bist jenseits von Zeit und Raum. Jenseits aller Bedürfnisse. Nicht einmal Essen willst du mehr. Und doch schaut aus deinen Augen das Leben. Für Momente ist es ganz klar. Nur mir bleibt verschlossen, was dies für dich bedeutet.
Ich lebe noch in Raum und Zeit. Versuche die Stunden aus zu kosten und den Raum zu füllen. Jage nach Erfolg und ringe um Liebe. Fülle die Stunden mit Sinn und suche in den Sternen nach Antworten. Das meine ich nicht einmal poetisch. Denn unsere Zeit fliegt zu den Sternen, simuliert den Urknall und beobachtet Geburt und Hochzeit von Galaxien. Dich hat das nie interessiert. Du hast dein Leben gelebt wie es kam. Jetzt lebst du dein Sterben wie es kommt – lange und schmerzvoll.
Ich fliehe aus deinem Zimmer. Halte deine Gegenwart nicht aus. Denn du hältst mir einen Spiegel vor die Augen und fragst mich: „Was ist DEIN Leben?“
Wieder zu Hause vergrabe ich mich ins Studium der Philosophen. Ich suche nach Leben und finde dich, die Sterbende. Du fragst nicht: „Wohin gehe ich?“ nein. Du gehst einfach. Durchquerst Raum und Zeit ohne Angst. Lässt mich zurück, mit all meinen Fragen und oberklugen Gedanken, mit all meiner Sehnsucht und unerfüllten Träumen.
Und mir bleibt nur zu hoffen, dass auch ich einmal so sterben kann. Trotz aller Schmerzen – im Frieden.

Lass mich dein Jünger sein

„Marie ist fanatisch“, sagen die Schüler der neunten Klasse über ihre Mitschülerin. „Die kennt nichts, außer ihrer Geige!“ „Violine“, berichtigt Marie die Worte der anderen und ärgert sich insgeheim über die Aburteilung. Aber ihren Tagesablauf ändert sie dennoch nicht und der sieht so aus: Schule – essen – Geige üben – Hausaufgaben- Geige üben – essen – schlafen. Eventuell dazwischen mal noch ein Buch lesen oder, wenn es unbedingt sein muss, der Mutter in der Küche helfen. Aber das was andere Teenager so tun, das ist ihr völlig suspekt. Und so hat sie ihren Stempel weg.

Der Mutter gefällt`s, dem Vater nicht. „Was willst du einmal werden?“ fragt er sie, als sie ihm das Zeugnis zur Unterschrift vorlegt. „Na Geigerin“, antwortet sie prompt und berichtet sich gleich selbst: „Violinistin.“ Im Stillen fügt sie hinzu: “Eine berühmte Violinistin werde ich. Du wirst es schon sehen. Mir wird der große Wurf gelingen und dann stehe ich auf den größten Bühnen der Welt.“ Aber das sagt sie natürlich nicht. Der Vater würde sie rügen und ihr etwas mehr Demut empfehlen.

„Warum wirst du nicht Pastorin? Pfarrer werden so dringend gebraucht. Du weißt doch ... „ Der Vater redet und Marie bleibt anstandshalber stehen. Aber die Worte gehen zum einen Ohr rein und zum anderen raus. Ihr Entschluss stand fest. Sie würde allen beweisen, dass sie es schaffen kann.

Sie arbeitete, sie übte, sie schaffte die beiden Aufnahmeprüfungen an der Musikhochschule. Und dann gehörte sie dazu, zur Welt der Berühmtheiten und großen Künstler. Nun eines hatte sie übersehen. In der großen Welt war sie plötzlich ganz klein. Und irgendwie „fischte sie im Trüben“ um es mal sprichwörtlich zu sagen. Es gelang ihr einfach nicht, mehr als Mittelklasse zu sein. Manchmal schon. Manchmal schien es, als stände sie kurz vor dem Erfolg. Aber dann stand sie wieder mit leeren Händen da.

Schon am Ende des 1. Studienjahres kamen Zweifel. Sollte sie sich so getäuscht haben? War es doch nicht der richtige Beruf? Sollte sie vielleicht etwas anderes machen? Sie überlegte und dachte nach – Krankenschwester vielleicht, oder Lehrerin? Was ihr der Vater damals in der 9. Klasse gesagt hatte, das hatte sie vergessen. Viel später erst erinnerte er sie daran.

Marie überlegte und suchte nach dem Sinn ihres Lebens. Dabei ließ sie aber nicht die Geige- Entschuldigung: die Violine im Stich. Und immer wenn sie kurz davor war, das Studium auf zu geben, kam die Erinnerung: Sie wollte es doch allen beweisen. Sie wollte eine große Solistin werden. Und sie hatte seit beginn des Studiums noch keinen wirklich großen solistischen Auftritt gehabt. Nur immer mal ein paar Muggen. Meistens waren die in Kirchen, wo sie bei Konzerten mit Laienmusikgruppen gebeten wurde, die Soli zu spielen.

Da plötzlich wendete sich das Blatt. Ein junger Komponist hatte sie auserwählt, um sein Violinkonzert zur Uraufführung zu spielen. Die Kommilitonen waren erstaunt, manche neidisch. Sie selbst wunderte sich auch. Und aufgeregt war sie, ganz furchtbar aufgeregt. Aber sie übte, probte mit dem Künstler, arbeitete mit der gleichen Besessenheit wie damals als Schülerin.
Dann kam der große Tag. Sie hatte sich ein neues Kleid gekauft. Viel zu teuer für eine Studentin. Aber sie würde es nun sicher öfter tragen können. Die Freundin hatte sie geschminkt. Wer auf der Bühne steht wird ja angestrahlt. Da braucht man schon ein perfektes make up. Dann stand sie vor einem vollen Haus. Die Aufregung legte sich. Der junge Komponist lächelte ihr zu und dann begannen sie zu spielen. Sie holte alles aus ihrem Instrument heraus. Aber nicht nur die virtuose Leistung verzauberte die Hörer, sondern auch der Dialog, der sich zwischen Klavier und Violine abspielte. Das Erlebnis auf der Bühne war zeitlos geworden. Marie konnte hinterher nicht sagen, ob es schnell oder langsam ging. Nur eins war klar, nachdem der letzte Ton verklungen war. Jetzt hatte sie es geschafft. Tosender Applaus, standing ovations, Jubelrufe Blumen.
Sie ging in ihre Garderobe, zog das edle Kleid aus und die Jeans an und sagte plötzlich aus heiterem Himmel in die Stille hinein: „JA".
Erstaunt war sie über sich und die Erkenntnis die da plötzlich glasklar in ihrer Seele lag. „JA"
Wieso das, und wieso gerade jetzt? Jetzt wo der Durchbruch geschafft war. „JA"
Langsam ging sie heim in ihre kleine Studentenbude. Der Schlaf wollte nicht kommen. Verwunderung über die Klarheit und auch ein wenig Angst vor der ungewissen Zukunft lagen ihr auf dem Herzen.
Am nächsten Morgen konnte sie nur schwer die Augen öffnen. Es war schon fast zehn Uhr, als sie Teewasser aufsetzte und das Brot aus dem Fach nahm. Da klopfte es. Frau Wagner, ihre alte Geigenlehrerin stand in der Tür. Ihre Wangen strahlten rosig, als wenn sie das Leuchten der Augen verstärken wollten.
„Kommen sie rein. Ich habe noch nicht gefrühstückt. Möchten sie etwas mit essen?"
„Nein danke", sagte die alte Dame und trat nur zaghaft einen Schritt in die Stube der Studentin hinein.
„Nun, ich habe auch nur Tee und Fettbemme. Aber setzen sie sich und erzählen sie mir, wieso sie mich besuchen kommen." Frau Wagner steht immer noch. Verlegen reibt sie die Hände aneinander.
„Ich war gestern in deinem Konzert und wollte dir gratulieren. Du warst großartig. Hervorragende Leistung, sowohl von der Virtuosität als auch von der Musikalität her. Du hast es geschafft. Das war gestern der große Durchbruch. ..."

Frau Wagner redete und hätte wohl noch eine Weile weiter gesprochen. Aber Marie unterbrach sie.
„Nein. Ich werde keine Berühmtheit werden. Seit gestern Abend weiß ich, dass ich nicht zur Musikerin bestimmt bin. Ich werde mein Studium abbrechen und Pastorin werden."
„Waaas.... Aber..."
Frau Wagner liess sich in einen der Sessel fallen. Sie war fassungslos. Wollte auf Marie einreden. Aber als sie die Junge Frau ansah verstummte sie. Sie spürte, dass hier jedes Wort zu spät kam. Marie hatte JA gesagt.
„Jetzt will ich doch eine Fettbemme." Marie reichte ihr Brot und Schmalz rüber und goss auch eine Tasse Tee ein. Dann aßen sie schweigend – die junge und die alte Frau. Und es lag etwas Merkwürdiges in der Luft, etwas von einer besonderen Gemeinschaft, so als wären sie nicht allein im Raum.
„Es ist fast wie beim Abendmahl", dachte Marie und ließ sich von diesem Gefühl tragen. Später, als es so schwierig wurde das JA auch in die Tat um zu setzen, da erinnerte sie sich gerne an das Mahl mit der alten Lehrerin. Und das gab ihr dann immer wieder einen kleinen Schub in die richtige Richtung.
An diesem Tag aber, sollte Frau Wagner nicht die einzige sein, die mit Verwunderung und meist auch Unverständnis den plötzlichen Entschluss der jungen Studentin erfuhren. Aber die konnte niemand mehr umstimmen. Sie hatte nun einmal JA gesagt.

Der Regenbogen

Liebe Freundin
Ich bin noch ganz bewegt von dem, was ich gestern erlebt habe und möchte es dir gerne erzählen. Gestern war wieder mal ein verregneter Tag. Gegen Abend musste ich zu einer Sitzung nach W. fahren. Schon während ich ins Auto stieg bemerkte ich, dass die Wolken sich lichteten und die Sonne etwas hervor lugte. Das Licht wurde immer stärker.
Als ich aus dem Dorf hinausfuhr sah ich ihn. Da stand am Himmel ein wunderschöner Regenbogen. Er war nicht ganz zu sehen. Nur ein Teilstück des Bogens leuchtete mir entgegen. Er hatte eine ganz starke

Lichtintensität. Darüber – zart und blass, stand noch ein Zweiter. Es war wie ein Gruß von Gott: "Schau nur her, du kleines Menschenkind, ich habe doch versprochen dass ich dir treu bleibe. Ich bin für dich da. Ich begleite dein Tun und Lassen und segne es."
Ich war noch ganz in den Anblick versunken, da musste ich um eine steile Kurve fahren. Nun war der Regenbogen aus meinem Blickfeld entschwunden. Vor mir stand eine schwarze Wolke. Auf die fuhr ich nun zu. Es wurde immer dunkler und begann wieder zu regnen.
Meine liebe Freundin. Du kennst ja meine Probleme, welche ich in den letzten Monaten mit mir herum schleppe. Diese dunkle Wolke war das sichtbare Zeichen für alle Verzweiflung und Depression, die mich manchmal überkommt. Der Schmerz und die Angst all der bösen Momente meines Lebens wurde symbolisch über mir ausgegossen. Aber es war nicht mehr schlimm. Ich wusste, hinter mir steht der Regenbogen. Ich kann ihn nicht sehen, weil ich mich nicht umdrehen darf. Schließlich wollte ich ja nicht von der Straße abkommen und im Graben landen. Aber das Strahlen des Regenbogens stand noch so sehr vor meinem inneren Auge. Da war die direkte Ansicht nicht nötig.
Ich bin dann durch B. gefahren. Außerhalb der Stadt sind noch ein paar steile Kurven und es geht den Berg hinauf. Als ich oben war stockte mir fast der Atem. Schöner als je zuvor stand der Regenbogen über mir. Er strahlte nicht nur, sondern war außerdem wirklich ganz komplett zu sehen. Er reichte von einem Ende der Erde bis zum anderen. Am liebsten hätte ich angehalten um ihn genauer zu betrachten. Aber das ließ der starke Verkehr auf der Straße nicht zu. So war nur die Möglichkeit beim Fahren immer wieder einen Blick auf das göttliche Wunder zu werfen. Viel Zeit blieb mir nicht. Der Wind trieb weitere Wolken heran und hinter der nächsten Kurve verschwand das Schauspiel vor meinen Augen. Aber in meinem Herzen da steht der Regenbogen immer noch. Und es tröstet mich so sehr. Ist es nicht im Leben oft so, dass wir erst durch dicke Regenwolken hindurch müssen, um dann den Regenbogen zu sehen?
Und ist es nicht so, dass der Regenbogen nur entsteht, wenn Sonne und Regen zusammen kommen? Vielleicht hat Gott gerade deshalb den Regenbogen als Symbol für seine Nähe und Treue gewählt, weil wir auch IHN nur erkennen können, wenn Freude und Leid gemeinsam durchlebt werden. Ich wünsche mir aber auch dir, dass wir den Regenbogen nicht vergessen, wenn wir gerade unter einer schwarzen Wolke stehen.
Viele Liebe Grüße

Das Stück Schokolade

Da sitzen sie, mit fröhlichen Augenfalten und wissenden Mündern, testen den selbstgebackenen Kuchen und schenken der Gastgeberin ein Lob. Die freut sich darüber, denn ihre Gäste sind gute Hausfrauen. Da ehrt das Lob doppelt.
Die alten Damen schnattern wild durcheinander. Jede will etwas Bedeutendes aus ihrem Leben mitteilen. Die Gastgeberin schweigt. Ihr dröhnt ein wenig der Kopf von den vielen fremden Namen und Ereignissen. Da wird sie plötzlich sehr aufmerksam.
„Wisst ihr, was ich nie vergessen werde?" fragt eine der Damen und hat mit diesem Satz die Neugier der Anwesenden geweckt. „Das Stück Schokolade!"
„Was?" Alle Augenpaare sind auf die Erzählerin gerichtet und die beginnt ihre Geschichte:
Es war Ende 1945. Ich war ein kleines Mädchen mit blonden Zöpfen und einem immer hungrigen Magen. Mein Vater kam schwer verwundet aus dem Krieg heim. Mühsam versuchte er als Schuster den Lebensunterhalt der Familie zu verdienen. Das war nicht leicht. Menschen mit kaputten Schuhen gab es genug. Aber wer von denen konnte es sich leisten, seine Schuhe flicken zu lassen?
Vater konnte kaum noch laufen. Darum hatte ich die Aufgabe, den Kunden die Schuhe zu bringen. So war es auch an diesem besonderen Tag. Draußen klirrte die Kälte. Meine kleinen Finger waren ganz klamm und frostig, als ich die Stufen zur Wohnung von Frau Holm hinauf stampfte. Madam Holm, wie sie genannt wurde, war eine besondere Frau. Ihr weißes Haar leuchtete mit der frisch gestärkten Bluse um die Wette. Madam war stets gut gekleidet und ging sehr aufrecht durch die Straßen. Man sah ihr an, dass sie einst eine reiche Dame gewesen war. Der Krieg hatte ihr allen Reichtum genommen, aber ihren Stolz und ihre Würde konnte er nicht vernichten. In unseren Kinderaugen sah sie aus wie eine Königin.
So stand ich also mit den reparierten Schuhen unterm Arm vor ihrer Tür und zog an der altmodischen Glocke. Madam Holm öffnete einen Spalt breit. Mir schlug das Herz bis in die Kehle, ich stotterte einen Gruß und hielt ihr die Schuhe entgegen. Da öffnete sie die Tür ganz, beugte sich zu mir hinunter und strich mir übers Haar.
„Aber du frierst ja. Komm herein und wärm dich ein wenig auf."
Madam nahm mir die Schuhe ab und zog mich in die gute Stube. Der Kachelofen bubberte und wärmte meine kalten Hände. Madam Holm hatte für einen Moment die Stube verlassen. Als sie wieder im Zimmer stand hielt sie zwei Dinge in ihren Händen: einen Umschlag mit dem Geld für die Schuhreparatur und ein kleines Tellerchen mit einem Stück Schokolade. Ich traute meinen Augen kaum. Das war richtig echte braune Schokolade. Bisher kannte ich

Schokolade nur von den schwärmerischen Erzählungen meiner großen Brüder und den Bildern, welche sie mir zeigten. Jetzt lag so ein Stück vor mir. Madam Holm nickte aufmunternd. Also nahm ich das Stückchen und stecke es in den Mund. Ich zerkaute es nicht, denn der wunderbare Geschmack sollte möglichst lange auf meiner Zunge zu spüren sein. Langsam, sehr langsam schmolz die Schokolade. Sie wurde kleiner und immer kleiner. Zuletzt lag nur noch der Hauch eines Schokogeschmacks in meinem kleinen Mund. Madam Holm sah mir zu und lächelte warm. Es schien, als hätte sie ihre Freude an meinem kindlichen Genuss. Dann streichelte sie mir noch einmal liebevoll übers Haar und schickte mich heim.
Ich bin nie wieder bei ihr gewesen. Aber in den schweren Monaten und Jahren habe ich manches Mal an das Stück Schokolade gedacht und an das gütige Lächeln der Frau Holm. Dann spürte ich wieder den Geschmack auf meiner Zunge und musste auch lächeln. Manchmal denke ich, dieses eine Stück Schokolade hat mich durch die schwere Zeit getragen."
„Ja ja, der Krieg." Die Gäste haben genug vom zuhören. Jetzt wollen sie wieder selber reden. Das Gewirr der Stimmen vermischt sich mit dem Klappern von Kaffeetassen und Kuchentellern. Nur die Gastgeberin bleibt still. Ihre Gedanken hängen noch an dem kleinen Mädchen, der gütigen Madam und dem einen Stück Schokolade:
„Wie wenig ist doch nötig, um einen Menschen glücklich zu machen!"

Verschmähte Liebe

Da saß sie nun am Abend ihres Geburtstages. 48 Lenze zählte sie seit heute. Eigentlich kein Alter um traurig zu sein. Sie war gesund, hatte Kraft und Energie. Geld war auch in solidem Maße vorhanden. Sie musste nicht jeden Cent umdrehen. Und doch kämpfte sie mit den Tränen. Was hatte das Leben noch für einen Sinn? Sie fühlte sich beschmutzt und weggeworfen, wie ein altes unmodernes Kleidungsstück.
Gestern hatte sie ihn gesehen, den Mann der noch bis vor kurzem ihr Mann war. Glücklich hatte er den Kinderwagen geschoben. Neben ihm eine Frau, die so alt war wie ihre Tochter, wie seine Tochter. Jung,

hübsch, dynamisch – eine Zierde an seiner Seite. Gut geeignet um ihn bei seinen diversen Vorstandsfestivitäten zu schmücken.
Doch sie? Wer war sie für ihn gewesen?
Drei Kinder hatte sie ihm geschenkt. Aber keines der Kinder hatte er je im Kinderwagen gefahren. Das war damals noch unter seiner Würde.
Seine Hemden hatte sie gebügelt, jeden Tag, manchmal eine elende Plackerei. Aber sie hatte nie geklagt. Alles hatte sie getan, damit er sich ganz auf seine Kariere konzentrieren konnte. Wenn er abends kam, war sie müde, denn er kam spät. Oft waren die Kinder schon im Bett, wenn er endlich sein Büro verließ. Doch sie hatte sich ihre Müdigkeit nicht anmerken lassen, hatte ihm zugehört und manchmal noch das eine oder andere Protokoll getippt. Auf der Schreibmaschine natürlich, denn Computer gab´s noch nicht. Sie hätte auch gerne gearbeitet. Schließlich hatte sie mal studiert. Doch er hatte darauf bestanden, dass sie sich um den Haushalt und die Kinder kümmert. Jeder sollte sehen, dass er seine Familie alleine ernähren konnte. Sie hatte geschluckt, aber sie hatte sich seinem Willen gebeugt, so sehr liebte sie ihn. Sie wollte von ganzem Herzen, dass er glücklich war.
Und dann, vor fast einem Jahr, da hatte er in der Tür gestanden und gesagt: „Brigitte, ich werde mich von dir trennen, denn ich werde wieder Vater."
Sie war wie vor den Kopf geschlagen. Bis dahin wusste sie nicht einmal, dass er ein Verhältnis hatte. Und dann so ein junges Ding. Mit ihr war alles anders. Für dieses Mädchen kam er pünktlich nach Hause und wickelte sogar das Baby. Seine großen Kinder vergaß er, so wie er sie immer vergessen hatte.
Die Kollegen hatten ihm gratuliert zu dieser Verjüngungskur. Manch einer hatte es ja vorgemacht. Und die andern liebäugelten schon damit sich auch so ein junges Vögelchen ins Nest zu holen.
„Wir könnten eine Selbsthilfegruppe für weggeworfene Geschäftsgattinnen machen", dachte Brigitte bitter. Aber so etwas taten sie natürlich nicht. Dazu waren sie zu stolz. Irgendwie würde es weiter gehen. Für die Enkel wollte sie sich Zeit nehmen und für die Kinder fröhlich sein, denn wenigstens die waren ihr geblieben.
Ja, sie war noch nicht alt, auch wenn ihr Exmann das dachte. Sie war gesund und hatte Kraft und die würde sie sich nicht nehmen lassen.

4. Weihnachtsgeschichten

Das Loch im Talar

Es ist Adventszeit. Eine schöne Zeit, trotz aller Hektik, die wir uns so unnötiger weise machen. Bei uns zu Hause haben wir eine schöne Tradition: das Schummerstündchen.
Einmal am Tag versammelt sich die ganze Familie und alle, die zufällig im Hause sind, in der Adventsstube. Wir zünden die Kerzen am Adventskranz an. Auch unsere zweistöckige Pyramide erhält ihre Kerzenlichter und dreht sich nun ganz ruhig im Kreise. Wir schauen ihr zu und ich spüre ganz deutlich wie ich ruhig werde. Alle Hektik, aller Ärger fällt in diesem Moment ab. Die Kinder kuscheln sich rechts und links an mich und sind auch ganz still.
Dann, wenn wir genug Stille getankt haben, beginne ich zu erzählen. Oft sind es ausgedachte Geschichten, vom Esel, der keine Lust hat nach Bethlehem zu gehen oder vom Engel, der aus allen Wolken gefallen ist. Manchmal lese ich Weihnachtsgeschichten vor oder erzähle sie nach. Letzten Sonntag fiel mir eine Geschichte ein, die ich selber erlebt habe. Es ist die Geschichte vom Loch im Talar.
Ich bin Pfarrerin in einigen kleinen Dörfern. Das ist ein ganz toller Beruf. Aber manchmal ist es auch schwierig, alle Wünsche der Leute zu erfüllen. Besonders schwer ist das zu Weihnachten. Da wollen alle ein Krippenspiel haben. Aber für ein Krippenspiel braucht man Kinder die mitspielen. Ganz klein können die Kinder auch nicht sein, weil sie ja ihren Text lernen müssen und schön laut sprechen sollen, damit die Leute sie verstehen.
Und ihr könnt mir glauben, es ist fast leichter einen langen Text auswendig zu lernen, als ihn dann auch laut und deutlich in der Kirche auf zu sagen. Dazu gehört schon eine ganze Menge Mut und Kraft in der Stimme.
Na und dann die Rollenbesetzung. Alle Jungs wollen Hirten sein, und die Mädchen natürlich ein Engel. Auch die Königsrollen sind leicht zu besetzen. Aber Joseph und Maria, die wollte niemand spielen.
So war es auch diesmal wieder in einem meiner kleinsten Dörfer. Da gab es sowieso kaum Kinder. Und eine Maria fand sich schon gar nicht. Aber ein Krippenspiel ohne Maria, das ist doch unmöglich.
Zum Glück hatte unser Joseph eine gute Idee: „Ich frage meine Schulfreundin aus der benachbarten Stadt, ob sie in diesem Jahr mal Weihnachten zu uns aufs Dorf rüber kommt und natürlich auch vorher zu den Proben." Gesagt, getan. „Maria" sagte zu und der Joseph war nicht weniger glücklich als ich, denn das Krippenspiel war gerettet.
Dann kam Weihnachten.
In diesem kleinen Ort gibt es den Gottesdienst mit Krippenspiel am ersten Feiertag ganz früh morgens.

Noch etwas müde von der langen „Heiligen Nacht“ steige ich in mein Auto und fahre hinüber ins Dörfchen. Es ist bitter Kalt und mir graut davor, in eine eiskalte Kirche zu kommen. Aber wie sehr staunen meine Augen, als ich die Tür öffne. Wundervoll haben die Kirchenältesten das kleine Gotteshaus geschmückt. Es strahlt alles im warmen Glanz der Kerzen. Sogar am Tannenbaum sind echte Kerzen befestigt. Das ist schön. Dieser warme Kerzenglanz lässt mich die niedrigen Temperaturen vergessen.
Und dann die Kinder. Alle sind sie schon da. Sie warten auf mich. Als ich die Kirche betrete schallt mir ein fröhliches „Gesegnete Weihnachten“ entgegen.
Sie haben sich ganz fein gemacht. Die Engelchen in ihren weißen Gewändern, die stolzen Könige und die Hirten mit echtem Fell. Schließlich sind wir ja auf dem Dorf. Da kann sich ein Hirte schon zünftig kleiden. Es hätte bloß noch gefehlt, dass sie auch die Schafe mitgebracht hätten.
In Mitten des Trubels steht ein stolzer Joseph mit einer strahlend schönen Maria. Sie hat sich einen langen, weit schwingenden Rock organisiert und trägt ein Tuch über den Schultern. Ihre Haare fallen in wallenden Locken herab – eine wahre Pracht.
In diesem Jahr haben wir wirklich eine besonders schöne Maria.
Nun werden noch letzte Absprachen getroffen und der „Kinderhaufen“ zu einem feierlichen Zug sortiert.
Die Kirche ist bis auf den letzten Platz besetzt. Die Glocken läuten. Ich ziehe meinen Talar an. Die Musik beginnt zu spielen und die aufgeregte Kinderschar zieht in die Kirche ein. Das Spiel kann beginnen.
Es geht alles seinen gewohnten Gang. Wir singen „Kommet ihr Hirten“ und „Vom Himmel hoch“ Die Kinder sagen schön ihren Text auf und der kleinste Hirte bringt wieder alle zum schmunzeln, weil er sich so über die Engel freut.
Dann bin ich wieder an der Reihe und erzähle den Menschen von der Liebe Gottes, die in diesem Kind auf Erden gekommen ist. Maria und Joseph sind vorne stehen geblieben. Sie kommen ja gleich wieder dran. Die Weihnachtskrippe für das Jesuskind steht griffbereit und das heilige Paar wartet am Weihnachtsbaum auf das Stichwort.
Da höre ich eine zarte Kinderstimme von den Bänken her. Erst kann ich gar nicht recht verstehen, was der Kleine sagt. Ich spüre nur ein seltsames Staunen, in der Stimme des Kindes.
„Maria brennt. He, die Maria brennt ja. Die Maria ...“
„Wieso“ denke ich. „Was soll das heißen: die Maria brennt?“
Aber dann sehe ich es auch. Maria hatte zu nahe am Weihnachtsbaum gestanden. Der schöne weite Rock war an eine Kerze gekommen und hatte Feuer gefangen. Maria selber schien es noch gar nicht bemerkt zu haben.

„Die Haare“ schoss es mir durch den Kopf. „Die langen Haare. Wenn die Feuer fangen, dann brennt das ganze Kind.“
Ohne lange zu überlegen renne ich auf das Mädchen zu. Mein Talar ist weit. Sehr weit. Ich nehme ihn ganz breit auseinander. Das sah bestimmt ganz unmöglich aus, wie eine Fledermaus die verzweifelte Flugversuche macht. Aber mir war das egal. Ich lief also auf Maria zu und schloss sie in meine weit geöffneten „Talar-Arme“. Ich drücke sie an mich, zerre sie vom Baum weg und klopfe mit dem heiligen Gewand die Flammen aus. Das war eine Sache von Sekunden.
Die Menschen im Gotteshaus hatten wie erstarrt zugesehen. Jetzt kam Bewegung in sie. Einer lief, um die Kerzen am Baum zu löschen. Die Mutti der Maria kam nach vorn, um ihre Tochter zu beruhigen. Kinder fingen an zu weinen und wurden sofort von Müttern und Großmüttern auf den Schoß genommen. Dann kehrte wieder Ruhe ein.
Ein leichtes Zittern klang noch in Marias Stimme. Aber ganz tapfer spielte sie ihre Rolle bis zum Schluss.
Eine Stunde später war ich wieder zu Hause. Als ich meine Sachen wegräume stelle ich mir vor, wie ich in 20 oder 30 Jahren aus der Kirche komme. Meine Enkelkinder begleiten mich. Sie sehen das große Brandloch und fragen mich: Großmutti, wieso hast du denn ein Loch im Talar?“ Und dann nehme ich meine Enkelkinder auf den Schoß und erzähle ihnen von der schönen Maria, der beinahe die wundervollen Haare abgebrannt wären, wenn nicht das heilige Gewandt die Flammen gelöscht hätten.
Aber Träume sind Schäume. Also hänge ich den Talar auf den Bügel und schaue in jede Falte, um die Brandflecken zu finden, die ich ja dann wohl oder übel stopfen muss. Aber so sehr ich auch suche, es sind keine Löcher zu finden. „Auch gut“, denke ich. „Dann brauche ich wenigstens nicht zu stopfen“.
Aber jedes Jahr zu Weihnachten, wenn ich diesen Talar anziehe, dann sehe ich die Maria wieder vor mir, mit ihrem brennenden Rock und wie sie in meinen Armen vor dem Feuer Zuflucht findet.
Und dann sehe ich auch ein Loch im Talar. Und ihr könnt mir glauben, dadurch wird dieses Gewand für mich sogar noch ein bisschen heiliger.

Alte Zeiten

Opa Ulf steht in der Tür des kleinen Einfamilienhauses und schaut seiner Frau Regine nach. Sie steigt gerade mühsam ins Auto, lässt den Motor an und fährt langsam zum Tor hinaus. Der Weg ist glatt und als die Oma auf die Straße einbiegt, rutscht das Auto bedrohlich. Der Himmel hängt voller Wolken und es „schnipselt", wie die Enkelkinder sagen. Kleine zarte Schneeflöckchen verlieren sich zwischen dem Grau der Stadt, als wollten sie jeden daran erinnern, dass am Sonntag der erste Advent ist. Opa Ulf sah es gar nicht gerne, wenn seine Regine trotz ihrer 72 Jahre bei diesem Wetter mit dem Auto. Doch sie wollte zur Tochter um die Enkel ab zu holen. Die Kleinen sollten ein paar schöne Adventstage bei ihnen verleben. In drei Tagen wollte Regine mit den Kindern zurück sein. Bis dahin war noch viel zu tun. Regine hatte ihm einen Zettel geschrieben. Dort stand vom Straße kehren übers einkaufen bis zum Reisig holen alles drauf, was der Großvater zu erledigen hatte. Nun, es war ja noch Zeit. Jetzt wollte er sich erst einmal ein kleines Nikerchen gönnen.

„Ulf – du guter Junge. Hast du mich vergessen?"

Der Opa wachte auf. Wer hatte ihn gerufen? Wovon war er aufgewacht? Merkwürdig. Im Haus war es ruhig. Nur das stete Ticken der Wanduhr verriet ihm, dass die Zeit verging. Kein Laut drang an sein Ohr. Plötzlich wusste er wieder, woher die Stimme gekommen war. Es war die Stimme aus seinem Traum. Im Traum war er ein kleiner Junge gewesen. Er hatte mit dem Teddy gespielt – seinem Teddy, der große Braune, der so kuschelig war und dem er das Ohr abgekaut hatte. Der Teddy hatte ihn gerufen. Der Teddy?

Wo war der eigentlich hingekommen in all den Jahren und Jahrzehnten? Lag er mit all dem anderen Krempel auf dem Dachboden? Ulf erhob sich und stapfte die Treppe hinauf. O je, sah das schlimm aus. Dicker Staub lag auf Schränken und Truhen. Dort in der Ecke stand ein Bauernschrank. Ja, das war der Schrank seiner Kinderzeit. Er stand schon damals hier, als er noch mit Eltern und Geschwistern das Haus bewohnte. Vorsichtig öffnete der alte Mann die Tür. Aber er war nicht behutsam genug. Beinahe wäre er erschlagen worden von all den verborgenen Schätzen, die sich angesammelt hatte. Alte Bücher, eine Zuckertüte, Puppengeschirr und das Puppenhaus seiner Schwester. Es war erstaunlich was so alles in einen alten Holzschrank hineinpasste. Da, ganz zuunterst lag der Teddy, sein Teddy mit dem abgekauten Ohr.

Wie sah der Ärmste nur aus. Furchtbar. An das abgekaute Ohr hatte sich der Opa noch erinnert. Aber auch die braunen Knopfaugen hingen nur noch an einem dünnen Fädchen. Ein Wunder, dass die nicht schon abgerissen waren. An mehreren Stellen des dünngewordenen Felles schaute das Stroh hervor. Ein Arm war völlig abgerissen. Ein Bein hatte starke Risse im Fell.

„Ach du Armer", dachte der Großpapa und nahm den Teddy auf den Arm. Wie konnte er nur seine erste Liebe auf dem Dachboden vergessen.
Es war schon spät, als sich der alte Mann von dem Schrank seiner Kinderzeit trennte. So vieles gab es drinnen zu entdecken, was die Erinnerung an längst Vergangenes wach rief. Opa Ulf schloss die knarksende Schranktür. Den Teddy nahm er mit hinunter in die Wohnung. Heute Nacht sollte der alte Freund neben seinem Bett ruhen.
In den nächsten 2 Tagen hatte Opa Ulf viel zu tun. Der Teddy wurde gereinigt, mit einer dicken gebogenen Schusterahle alle fehlenden Gliedmaßen an- und Risse zugenäht, sowie die Augen befestigt. Doch das war noch nicht alles. Nachdem der Teddy in neugewonnener Würde auf dem Sofa saß, macht sich der Opa noch einmal auf den Weg zum Dachboden. So manchen Schatz gab es da zu heben und zu reparieren. Die Zeit bis seine Regine wieder kam, war viel zu kurz. Aber er schaffte es. Als die Enkel stürmisch an der Haustür klingelten standen die alten Spielsachen in neuem Glanz bereit.
Ulf öffnete die Tür und die Enkel schossen wie der Wirbelwind an ihm vorbei. „Hallo Opa. Dürfen wir mal rasch den Fernseher anmachen?" Ulf nickte ihnen zu und ging seiner Frau entgegen, die sich mit dem Gepäck der Kinder abmühte.
Regine hatte schon beim Aussteigen gesehen, dass der Mann seine Aufgaben nicht erledigt hatte. Zumindest war die Straße nicht gekehrt worden. Und wer weiß, was er noch alles vergessen hatte. Sie schüttelte ärgerlich den Kopf, als er sie in die Arme schließen wollte.
„Hättest du nicht wenigstens ..." Regine kam nicht weiter. Die Enkel rannten ihr aus dem Haus entgegen. „Oma, Oma sieh nur was der Opa für uns gemacht hat." Die Kinder griffen nach den Händen der alten Frau und zogen sie ins Wohnzimmer. Ihre Augen strahlten als sie den Raum betraten. Fast ehrfurchtsvoll standen sie vor dem kleinen Wunder das der Opa für die Kinder aufgebaut hatte. In der Mitte saß der Teddy und um ihn herum war all das Spielzeug drapiert, das Ulf in den vergangenen Tagen aus der Einsamkeit des Dachbodens gerettet hatte. Der Großvater war mit den Taschen der Kinder hinterher gekommen. Jetzt stand er in der Tür und schaute voll stolz auf sein Werk und die Freude der Enkel. Und seine Frau Regine? Die war gar nicht mehr ärgerlich. Sie stand mit Glitzertränchen in den Augen da und schüttelte immer wieder den Kopf, als müsse sie sich vergewissern, dass sie nicht träumt.
Er ging auf sie zu, nahm sie in den Arm und gab ihr einen dicken Schmatz. Und dann hockten alle Fünf auf dem Fußboden und verhalfen dem alten Spielzeug zu neuem Leben.

Die Frau mit der Puppe

Wenn ich zur Kaufhalle will, um meinen leeren Kühlschrank zu füllen, muss ich jedes Mal über den Markt gehen. Dort kreuzen sich auch die Straßenbahnlinien. Viele Menschen bevölkern den Platz, laufen, stehen oder sitzen in den Wartehäuschen. Seit ein paar Tagen ist der Platz noch voller und enger, denn es ist Weihnachtsmarkt. Die Buden mit all den schönen bunten Sachen stehen teilweise nahe an den Straßenbahnschienen. Als „Durcheilende" muss ich mir meinen Weg manchmal auf den Schienen suchen, um nicht mit den Menschen zu kollidieren.
Gestern ging ich zur Kaufhalle. Ich eilte an der Straßenbahnhaltestelle vorbei und verlangsamte plötzlich meinen Schritt. Da saß sie wieder, die alte Frau mit der Puppe. Schon oft hatte ich sie dort auf der Bank im Wartehäuschen gesehen. Sie hielt die große Babypuppe im Arm, als wäre es ein echtes Kind. Gedankenverloren wiegte sie sich hin und her. Summte sie ein Wiegenlied? Nein, das wohl nicht, zumindest nicht hörbar. Doch diese innige Verbindung von Frau und Puppe hatte mich schon manches mal berührt. Diesmal schaute sie mich an, als ich an ihr vorüber ging. Ihr Blick war leer, fast tot. Aber da war gleichzeitig auch etwas wie Erwartung. Worauf wartete diese Frau wohl noch?
Zwei Schritte weiter leuchtete mir die bunte Farbenvielfalt eines Kerzenstandes entgegen.
„Schenk ihr was", flüsterte eine Stimme in mir.
„So ein Blödsinn", sagte die andere. „Du kennst sie doch gar nicht"
„Sie wird sich freuen", lockte die erste Stimme, obwohl die Füße schon am Kinderkarussel vorbei waren und verlockte mich zum umkehren.
„Sie wird dein Geschenk gar nicht annehmen", konterte die zweite Stimme und wollte mich auf meinen alten Weg zurücklocken. Doch da stand ich schon wieder vor dem Kerzenstand und mein Auge blieb an einem süßen kleinen Kerzenengel hängen.
„Nimm den", sagte die erste Stimme.
„Viel zu teuer", meinte die zweite Stimme, währen mein Mund nach dem Preis fragte.
„2,50 Euro" sprach die Verkäuferin und die erste Stimme freute sich. „Siehst du, das kannst du leicht bezahlen". Die zweite Stimme redete immer noch, obwohl der Kerzenengel längst in meinen Händen ruhte „Die Frau ist bestimmt nicht mehr da. Schließlich sind inzwischen mindestens drei Straßenbahnen gefahren".
Aber die Frau saß noch an derselben Stelle und wiegte ihr „Baby". Ich wickelte den Kerzenengel aus dem Papier und drückte ihn in ihre Hand. „Das wollte ich ihnen gerne schenken", sagte mein Mund, während meine Hände ganz kurz und ganz sanft über die ihren strichen. Sie schaute auf, sah mich an. Was war das denn für ein Blick? Freude? Nein. Erstaunen und irgendetwas Fragendes lag darin. Dann aber sagte

sie doch danke und schloss ihre Finger um den kleinen Engel. Ich eilte davon.
„Siehst du, sagte die erste Stimme in mir. Das war gut!“
Und die Zweite musste beschämt zugeben „Ja, das hast du richtig gemacht.“
Und mein Mund, der lächelte und konnte den ganzen Tag nicht wieder aufhören zu lächeln.

Josephs Traum

Der Engel des Herrn erschien dem Joseph im Traum und sprach: „Steh auf und nimm das Kind und seine Mutter zu dir und flieh nach Ägyptenland und bleib dort, bis ich es dir sage, denn Herodes geht umher um das Kind zu suchen damit er es umbringt.“
Und Joseph stand auf, nahm das Kind und seine Mutter zu sich mitten in der Nacht und floh mit ihnen nach Ägypten. Mtth 2,1

Lieber Joseph,
ich schreibe dir über Zeit und Raum hinweg, denn ich frage mich: Was bist du nur für ein Mann? Ein ganzer Kerl träumt doch nicht. Ein richtiger Mann nimmt das Leben in seine festen Hände. Der sieht mit klaren Augen in die Welt, denkt rational und nüchtern, wägt ab, plant, ordnet an. Und du?
Du träumst. Du bist ein Träumer, ein Spinner. Einer der sich von seinen Gefühlen und Emotionen beeinflussen lässt.
Ach Joseph. Dabei bist du doch Zimmermann. Ich sehe deine Hände vor mir. Rau sind sie und rissig von der schweren Arbeit, derb mit viel

Hornhaut und Schwielen. Sicher hat Maria manchmal deine großen Hände gefasst und sie sanft gestreichelt. Vielleicht dachte sie dabei: „Wie gut, dass ich so einen starken Mann habe. Der wird mich beschützen". Dann hast du mit deinen großen Händen ganz zart über Marias Haar gestreichelt. Du hast ihr dein Versprechen gegeben: „Ja meine liebe kleine Frau. Ich beschütze dich. Ich passe auf dich auf. Sogar für das Kind, das du unter deinem Herzen trägst, werde ich sorgen, obwohl es nicht das Meine ist."
Du hast viel für dein junges Weib getan. Auf dem Weg nach Bethlehem musstest du sie stützen. Hochschwanger wie sie war, brauchte sie bestimmt viel Hilfe. Und dann die Quartiersuche in der überfüllten Stadt. Du hast eins gefunden. Nun gut, das Beste war es ja nicht. Aber besser ein Stall, als auf der Straße liegen. Bei der Geburt musstest du Maria auch helfen. Wer hätte es sonst tun sollen? Es war ja keiner da. Also hast du selbst deinem Sohn auf die Welt geholfen und ihn mit großen Zimmermannshänden empfangen. Schon da, im Stall war es nötig, dass du deine angestammte Männerrolle verlässt. Du hast getan, was getan werden musste. Du hast dich nicht vor der Verantwortung gedrückt!
Und dann kam dieser Traum. „Träume sind Schäume" – so sagen wir heute. Wir denken: „schüttele den Traum ab. Es ist nichts weiter. Nur ein Wirrwarr des Unterbewussten. So ein schwerer Traum hindert einen das Tagwerk fröhlich zu beginnen." Sicher waren dir schwere Träume nicht unbekannt. Oft genug musstest du am Morgen den Traum wegfegen, wie eine lästige Fliege. Doch dieser Eine war anders. Das war dir sofort klar. Du hast deinem Gespür getraut. Dieser eine Traum war eine direkte Aufforderung von Gott: „Nimm dein Kind und deine Frau und flieh von diesem Ort, bevor es zu spät ist." Als du aus dem Traum hochgeschreckt bist, wusstest du was zu tun war. Du hast nicht lange gefragt oder nach Erklärungen gesucht. Das ist gut so, denn sonst wäre es wohl zu spät geworden.
Joseph, du bist ein ganzer Mann! In dir vereint sich die Kraft der Hände mit der Kraft der Träume. Es ist gut, dass es dich gibt, und dass wir jedes Jahr neu von dir hören.
So einen Mann wie dich, wünsche ich allen jungen Muttis an die Seite.

Marco

Der Regen legt einen dichten grauen Schleier um das moderne Haus der Klinik Tiefenwald. Es ist so dunkel, als wäre es schon spät am Nachmittag. Doch die Patienten der Kureinrichtung haben sich gerade erst vom Mittagsschläfchen erhoben. Langsam finden sich die jungen Leute im Aufenthaltsraum ein. Sie nehmen sich Kaffee oder Tee und setzen sich in die gemütlichen Sessel. Noch etwas schläfrig sind sie, streichen sich müde über die kahlen Köpfe, zupfen die warmen Tücher fest und gähnen.
Einer fehlt noch, um das Oktett komplett zu machen.
Marco hat nicht geschlafen. Er kann nicht. Dieser dauernde Regen treibt ihn hinaus. Als müsse er sich mit dem Nass verbinden, in ihm verschwimmen, sich auflösen. Doch der Regen tut ihm nicht den Gefallen. Marco bleibt gegenwärtig. Nass bis auf die Haut findet er zurück in das schützende Gemäuer.
Sein Weg zum Zimmer führt ihn am Aufenthaltsraum vorbei. Dort sitzen die Anderen. Er ahnt ihre Müdigkeit, kennt das ja selber, dieses Gefühl nur noch schlafen und nie wieder aufwachen zu wollen. Die Anderen leben mit der Erschöpfung und lernen sie zu beherrschen. Nachher werden sie sich wieder ihrem Training widmen, werden laufen und schwimmen und sonst was alles tun, um ihren Körper wieder fit zu bekommen.
Er sträubt sich dagegen. Wozu auch sollte er sich dem gesundwerden widmen. Es hat ja doch keinen Zweck.
Sie haben ihn gesehen. Er konnte sich nicht unsichtbar machen. Jetzt rufen sie ihn.
„Marco komm. Setzt dich zu uns. Wir haben dir Kuchen aufgehoben. Der Kaffee ist auch noch warm."
Er brummt etwas von „muss mich umziehen", und duckt sich innerlich. Schnell die Tür schließen. Unter der heißen Dusche wird er wieder warm.
Die Zurückgebliebenen schauen sich irritiert an. Heute ist Marco besonders unfreundlich. Was hat er nur? Es geht ihnen doch allen gleich. Die Krankheit frisst an jedem von ihnen. Er ist nicht der Einzige, der den Tod schon auf der Bettkante sitzen sah. Warum war er nur so schwach und fand nicht zurück ins Leben?
Sie hatten Zeit. Sie konnten warten. Heute war Samstag. Da gab es keine vorgesehenen Therapiestunden. Der Kaffee hatte ihre Müdigkeit weggeblasen und sie schnatterten fröhlich durcheinander, schmiedeten Pläne für den Abend und den morgigen freien Sonntag. Es dauerte keine Ewigkeit bis Marco wieder in der Tür erschien. Ein Spaziergang macht hungrig. Da es nur im Aufenthaltsraum etwas gab, musste er zurück zu seiner Therapiegruppe.

Die empfingen ihn freundlich. Rutschten zusammen, reichten ihm Tasse und Teller.
„Wenn ihr wüsstet wer ich bin, würdet ihr nicht so freundlich sein", fauchte Marco und spuckte auf den Fußboden.
Julia stand auf und holte einen Scheuerlappen.
Phillip wollte genaueres wissen. Warum sollten sie zu Marco unfreundlich sein? Er ist doch einer von ihnen. Ein Leidensgenosse.
„Ich bin ein Verbrecher."
„Was?"
„Man hat mich nur aus dem Jugendstrafvollzug raus gelassen weil mein Krebs eine Spezialbehandlung braucht. Das Knastkrankenhaus ist doch keine Strahlenklinik. So jetzt wisst ihrs. Soll ich lieber gehen?"
Schweigen. Die jungen Leute hängen mit ihren Blicken an Marco. Sie sind irritiert. Versuchen in seinen Augen zu lesen, ob er blufft. Doch sein umherirrender Blick lässt keinen Zweifel zu.
„Was ist passiert, Marco?"
Selina hat die Frage ausgesprochen und ist dabei intuitiv zu ihm heran gerutscht. Ihr Arm legt sich um den Jungen. Denn wie ein kleiner Junge sieht Marco jetzt aus, klein und hilflos. Dabei ist er 19 Jahre alt. Aber Marco zuckt unter ihrer Berührung. Also rutscht sie wieder ein Stück von ihm ab.
Schweigen. Keiner wagt laut zu atmen.
„Was ist passiert. Erzähl es uns." Jetzt scheint es Marco möglich zu sein sich zu öffnen. Wie der Regen vor dem Haus, so strömen seine Worte aus ihm heraus. Erst sanft und leise, dann immer stärker. Voller Zorn, voller Hass. Ein Orkan entlädt sich auf die Hörenden.
Marco ist das Kind einer ukrainischen Prostituierten die nach Deutschland verschleppt worden war. Irgendwann hatte seine Mutter es nicht mehr ausgehalten. Sie war heimlich abgehauen. Ihn ließ sie im Milieu zurück. Damals war er fünf Jahre alt. Schon mit Acht wurde er straffällig. Erst mal nur kleine Fische, Diebstahl hauptsächlich. Dann begann er auf dem Schulhof Drogen zu verkaufen und Autos zu knacken. Wurde er erwischt, lachte er. Irgendwann war er alt genug für eine richtige Strafe. So landete er im Jugendstrafvollzug.

Marcos Erzählstrom ist verebbt. Der Sturm der Gefühle hat sich gelegt. Er schaut seine Mitpatienten an. In ihren Gesichtern sieht er Mitleid, unterdrückte Tränen, aber auch Wut. Es schien, als ob er seinen eigenen Zorn an sie abgegeben hätte.
Marco hatte damit gerechnet, dass sich jetzt alle von ihm abwenden. Aber das geschah nicht. Keiner ging ihm aus dem Weg. Er hatte sich ihnen anvertraut. Nun standen sie fest bei beieinander. Er sollte wenigstens in den wenigen Wochen hier in der Kurklinik ein gutes Leben führen. Ein Leben, wie er es wohl noch niemals erlebt hatte.
Aber was würde aus ihm werden?

Die Sozialarbeiterin hatte für ihn vorzeitige Haftentlassung beantragt, denn die Ärzte gaben ihm nur noch wenig Zeit. Was sollte man im Straffvollzug mit einem sterbenden Krebskranken.
Doch wohin sollte Marco gehen?
Er hatte kein Zuhause.
„Am besten, ich bringe mich gleich selber um", denkt er und spricht es auch aus. „Wozu soll ich kämpfen? Mein Leben ist doch sowieso restlos verdorben."
Stunden werden zu Tagen.
Regen wird zu Schnee.
Das Haar wächst wieder und die Kraft kehrt zurück.
Das Leben bekommt eine neue Chance.
Nur für Marco gibt es keine zweite Chance mehr.
Geschwächt von den Exzessen seiner Jugend besiegte ihn der Krebs.
Als Marco stirbt läuten die Glocken die heilige Nacht ein. Er hört den Posaunenchor, der schon einmal „Stille Nacht" intoniert. Er spürt wie die Menschen durch den Schnee gehen, lauscht dem Wirrwarr ihrer Gespräche.
Eine einzige Kerze brennt auf seinem Nachtschränkchen. Er ist nicht allein.
Selina sitzt an seinem Bett. Sie ist an seiner Seite geblieben, in all den schweren Wochen. Sie hat ihm das gegeben, was er nie besessen hatte: Eine Heimat. Die Glocken sind verklungen. Die Menschen lauschen mit leuchtenden Augen den Worten der Weihnachtsbotschaft. Doch das hören die beiden jungen Leute in ihrem Zimmer nicht mehr.
Selina singt. Ganz leise, fast tonlos fließen Worte und Töne aus ihr heraus. Sie singt ein Lied von Jochen Klepper, das sie oft schon im Gottesdienst gesungen hat.
„Die Nacht ist vorgedrungen, der Tag ist nicht mehr fern. So sei nun Lob gesungen dem hellen Morgenstern. Auch wer zur Nacht geweinet, der stimme froh mit ein. Der Morgenstern bescheinet auch deine Angst und Pein." [1]

Marco schaut sie noch einmal an. Das Sprechen fällt ihm schon schwer, aber er muss es ihr noch sagen: „Danke. Danke dass du bei mir geblieben bist, und mir das Leben gezeigt hast." Dann schließt er die Augen für immer. Auf seinem Gesicht bleibt ein Lächeln.

[1] Evangelisches Gesangbuch Nr. 16

Was wir wirklich brauchen

Es ist Samstag und es ist heilig Morgen. Zwei gute Gründe für Familie Neuhardt, um gemütlich am Frühstückstisch zu sitzen. Sogar die Mutter sitzt fröhlich lachend in der Runde. Das ist keineswegs selbstverständlich, denn sie ist Ärztin und hat eine eigene Praxis.
Frischen Brötchen duften und die 9-jährige Lara schmiert sich zum wiederholten mal ganz dick Nutella drauf. Nathalie, vier Jahre älter und nach ihrer Meinung schon sehr erwachsen, rügt die kleine Schwester: „Du wirst noch fett werden." Was an normalen Tagen in einem heftigen Streit ausgeartet wäre, wurde heute nur mit einem Lächeln erwidert. „Weihnachten ist doch nur einmal im Jahr. Da darf man das."
Vater hat Zettel und Stift neben der Kaffeetasse liegen: „Überlegt doch mal, was wir noch brauchen. Ich fahr nachher ins Einkaufscenter." Sie schmatzen, lachen und überlegen ganz nebenbei, was sie denn unbedingt noch nötig haben.
Da klingelt Mutters Handy.
Der Vater zieht eine Augenbraue hoch. Er ahnt was jetzt kommt. Es ist doch immer das gleiche. Die Ärztin drückt den grünen Knopf und das Lachen verschwindet aus ihrem Gesicht.
„...Ja... sind sie sicher ... Aber ich war doch erst gestern bei ihnen... Was brauchen sie ... Ich bin in 10 Minuten bei ihnen."
Dahin ist sie, die schöne Familienstimmung. Der Vater ahnt, wer nach seiner Frau verlangt. Frau Messner hatte ihn in den vergangenen zwei Wochen viermal vom Fenster aus zugerufen, er möge doch bitte rasch seine Frau zu ihr schicken.
Drei Küsschen, ein Griff nach dem Arztkoffer und weg ist die Mutter. Die Kinder schmollen. Sie wissen, es nutzt nichts. Also helfen sie dem Vater beim Küche aufräumen.
Frau Dr. Neuhardt kennt den Weg zu ihrer Patientin. Die alte Dame wohnt in einer gemütlichen kleinen Wohnung, Parterre in einem Mehrfamilienhaus. Von ihrem Fenster aus kann sie auf die Straße schauen und das tut sie auch meistens. Sie sitzt da, schaut, macht ein Schwätzchen mit den vorübereilenden Menschen. Doch jetzt in der kalten Jahreszeit bleibt selten jemand stehen um mit der alten Dame zu reden.
„Gottlob dass sie da sind Frau Doktor. Mein Herz rast so furchtbar. Die ganze linke Seite tut weh, vor allem der Arm. Ich habe bestimmt einen Herzinfarkt." Die Ärztin fragt und horcht, fühlt und tastet, nimmt dieses Instrument zur Hand und jenes. Die alte Dame beobachtet genau und kommentiert jede Bewegung. „Der Blutdruck ist bestimmt ganz schlecht und der Puls rast furchtbar. Mein Herz schlägt völlig unrhythmisch."
„Nein. Das Herz schlägt im Takt wie immer und weder Puls noch Blutdruck sind zu hoch." Frau Dr. Neuhardt stöhnt.
„Ach Frau Messner. Was fehlt ihnen wirklich? Was brauchen sie?"

Die alte Dame hat schon so ihre Vorstellungen, was sie haben will. Mindestens eine Spritze sollte es sein, um das arme Herz zu stärken. Nach Weihnachten wollte sie dann zum wiederholten mal ein Langzeit-EKG haben. Frau Doktor spritzt ein Aufbaupräparat und verlässt die alte Dame mit dem Gefühl, nicht das letzte Mal bei ihr gewesen zu sein.
Wieder daheim fällt sie entnervt in einen Sessel und legt die Füße hoch. Der Herr des Hauses bringt Tee. „Was fehlt ihr denn diesmal?"
„Schatz, du weißt doch, dass ich nicht über die Leute reden darf. Auch wenn dir Frau Messner schon selbst ihr Leid geklagt hat. Ich darf es dir nicht sagen. Außerdem, wenn ich ehrlich bin: Ich weiß es auch nicht. Ich weiß nicht was sie wirklich braucht. Allerdings habe ich das ungute Gefühl dass ich heute noch einmal von ihr gerufen werde. Bestimmt genau dann, wenn wir beim Geschenke auspacken sind."
„Nein" ertönten zwei Mädchenstimmen. Die Töchter waren unbemerkt hereingekommen und hatten mehr gehört als sie sollten. Der kleinen Lara kullern die Tränen aus den Augen. Die Mutter steht auf um sie zu trösten. Aber es hilft nichts. Das Schluchzen wird stärker. „Nicht mal Weihnachten bist du bei uns. Immer deine blöde Arbeit."
Nathalie zieht die Stirn kraus.
„Mutti, du weißt nicht was Frau Messner wirklich braucht? Und du befürchtest, dass du heute noch mal zu ihr gehen musst?"
„Ja. Und?", die Mutter weiß nicht worauf ihre Tochter hinaus will.
„Warum gehen wir dann nicht zu ihr und bringen ihr, was sie braucht?"
„Waaas?" Die Eltern sind erstaunt und etwas irritiert. Nathalie schmunzelt, will aber nicht verraten was sie meint. „Komm jetzt Papa", drängelt sie. „Wir müssen einkaufen fahren, bevor die Geschäfte schließen."
Fünf Stunden später klingelt es an Frau Messners Tür. Als sie öffnet schaut sie in einen Tannenstrauch an dem bunte Kugeln und Strohsterne hängen. Hinter dem Strauch lugt ein Kinderkopf hervor und singt „Oh Tannenbaum".
Die alte Dame steht wie angewurzelt im Türrahmen. Als das Lied zu Ende ist ertönte ein vierstimmiges: „Fröhliche Weihnachten" Da löst sich Frau Messner aus ihrer Erstarrung: „Kommt doch rein, ach bitte kommen sie doch rein. Frau Doktor, das ist aber eine Überraschung. Ach wie schön, wie schön."
Lara trägt den Weihnachtsstrauß in die Wohnung. Während Frau Messner noch eine große Vase sucht, stellen die Eltern Neuhardt eine Plätzchenbüchse und eine Thermoskanne Kaffee auf den Tisch. Nathalie ist als letzte in die Wohnung gekommen. Bevor sie die gute Stube betritt, stellt sie noch Etwas im Flur an die Seite.
Sie sitzen beieinander und schwatzten. Mitten in die lustige Unterhaltung hinein ertönt plötzlich ein unbekanntes Geräusch. Es kommt aus dem Flur und klingt – ja wie klingt es denn? Jetzt wieder, und wieder. Frau

Messner lauscht und die Kinder müssen sich die Hände vor den Mund halten um nicht laut los zu prusten.
„Gehen sie doch mal nachschauen!"
Frau Messner erhebt sich vom Stuhl, geht hinaus und wenig später ertönt ein Freudenschrei.
„Aber das ist ja... das ist ja... mein Bubi... Nein du süßer ...Bubi .... Bubi..."
Vier Menschen schauen aus ehrfurchtsvoller Entfernung zu, wie eine alte Damen auf dem Fußboden kniet und einem Kanarienvogel Küsschen gibt.
Vier Augenpaare wissen nicht, ob sie vor Rührung Lachen oder Weinen sollen.
Acht Hände helfen der Beschenkten auf zu stehen und den Käfig ins Wohnzimmer zu bringen. Dann räumen sie das Kaffeegeschirr auf und verabschieden sich.
Als Frau Dr. Neuhardt diesmal das Haus verlässt weiß sie, dass die Patientin heute nicht mehr anrufen wird.
Draußen auf der Straße nimmt sie ihre große Tochter fest in den Arm. „Das war eine wunderbare Idee mein Kind. Aber woher wusstest du, dass Frau Messner einen Kanarienvogel braucht?" „Das mit dem Vogel war reine Intuition. Aber ich wusste, dass sie was zum lieb haben braucht. Das brauchen wir doch alle, oder?"

Weihnachten mit Bosniern

Marion schaut auf die Wochenzeitung und kann ihre Augen nicht von einem kleinen Artikel lösen. „Den Krieg überleben“ steht als Überschrift. Die Ausländerbeauftragte schreibt von der Not im ehemaligen Jugoslawien. Frauen und Kinder müssen täglich mit der Angst leben, auf offener Straße erschossen zu werden. Darum der Aufruf: „Rettet Leben. Öffnet eure Häuser und Wohnungen und gebt einer bosnischen Familie eine neue Heimat.“

„Leben retten, das ist doch eine wichtige christliche Tugend.“ denkt Marion. „Sollten sie sich melden?“

Platz gab es genug in dem großen Bauernhaus, das sie bewohnten. Nur mit dem Geld sah es schlecht aus. Ihre zwei kleinen süßen Mädchen beanspruchten Marions volle Aufmerksamkeit. So hatte sie sich gegen den Beruf entschieden. Ihr Mann verdiente nicht gerade königlich. Darum mussten sie jeden Pfennig zweimal rumdrehen bevor sie ihn ausgaben. Bisher hatte sie das nicht gestört. Es reichte aus. Aber würden sie noch mehr Menschen durchfüttern können?

Mit dem Gedanken, dass ihr Familienbudget keine Dauergäste aushalten würde, faltete sie die Zeitung zusammen.

Die nächsten Tage war Marion stiller als sonst. Ihr Mann Kai machte sich schon Sorgen. Also erzählte sie ihm, was ihr nicht aus dem Kopf ging.

Kai war erstaunlich sachlich. Er hörte sich die ganze Geschichte an, nickte und meinte dann: „Na wenn es nur ums Geld geht: Wo vier Mäuler satt werden, da werden auch 6 oder 8 satt. Wenn du dir die zusätzliche Belastung zutraust, dann brauchst du nicht zu zögern.“

Drei Wochen später standen Kai und Marion auf dem Bahnhof der nächsten Stadt. Es war ein stürmischer Oktobertag. Der Wind fegte die weggeworfenen Plastiktüten übers Pflaster. Alles war dreckig und beschmiert. Der Bahnhof sah völlig trostlos aus. Ihre Gäste würden keinen guten ersten Eindruck von Deutschland bekommen. Aber das war ihnen womöglich egal. Immerhin hatten sie gerade einen Krieg hinter sich gelassen.

Nur wenige Menschen standen auf dem Bahngleis als der Zug einfuhr und nur wenige stiegen aus. Rasch leerte sich der Bahnsteig, als flüchteten die Menschen von diesem unwirtlichen Ort. Zurück blieb eine Frau die sich tief in ihr dunkelblaugemustertes Tuch verkroch, vor sich ein Kindersportwagen aus dem ein neugieriger kleiner Junge hervor lugte. Neben ihnen ein großer junger Mann. Seine Augen wanderten suchend umher und bleiben an Marion und Kai hängen. Ihre Blicke begegneten sich. Sie gingen aufeinander zu. „Sevko und Elena?“ die beiden nickten.

„Ich bin Kai und das ist meine Frau Marion“ wieder ein nicken und händereichen. Was nun? Verständigung war nicht möglich. Also gingen

sie schweigend zum Auto, verfrachteten das Gepäck und den Kinderwagen im Kofferraum und fuhren nach Hause.
Die nächsten Wochen waren für Marion eine besondere Belastung. Zu den üblichen Aufgaben als Hausfrau und Mutter versuchte sie alles um den Neuankömmlingen das Leben zu erleichtern. Neben Behördengängen und notwenigen Arztbesuchen war es vor allem das Erlernen der deutschen Sprache. Oft saßen die Frauen nebeneinander in der Küche. Marion zeigte oder malte Gegenstände und Elena schrieb alles auf. Sie hatten viel Spaß miteinander. Auch die Kinder verstanden sich gut. Alle drei spielten gemeinsam im großen Kinderzimmer und der kleine Sevlat lernte die Deutsche Sprache beim Spielen schneller als seine Mutter. Nur Sevko nahm keinen Anteil an diesem fröhlichen Beisammensein. Es war ihm von seiner muslimischen Erziehung her nicht möglich mit den Frauen allein im Zimmer zu sein. Er musste warten, bis Kai vom Dienst kam und Zeit für ihn hatte.
Dann kam die Adventszeit. Für Marion waren die Tage voller Lichterglanz und Plätzchenduft bisher immer die schönsten im Jahr gewesen. Doch diesmal tat sie sich schwer mit den Vorbereitungen. Sie wollte, dass ihre Gäste das Weihnachtsfest lieben lernen. Bei Sevlat war das kein Problem. Er stand wie die Mädchen mit leuchtenden Augen vor der Pyramide. Doch die Erwachsenen reagierten abwehrend auf den deutschen Lichterzauber.
Vielleicht lag auch eine gewisse Spannung in der Luft. Überall wurde von Weihnachtsgeschenken gesprochen und wo man hinschaute wurden die tollsten Sachen angepriesen. Das weckte unerfüllbare Wünsche.
Marion rechnete und rechnete und besprach sich immer wieder mit Kai. Aber das Geld langte nicht um für alle Gäste ein großes Weihnachtsgeschenk zu kaufen. Sie selber schenkten sich ja auch nie etwas. Aber sie wussten, dass durch Großeltern und andere Verwandte auch für sie ein Geschenk unterm Weihnachtsbaum liegen würde. Der Gedanke an die traurigen Augen verdunkelte Marion die Adventszeit. Aber es half nichts. Kai sah das mal wieder pragmatischer: „Wir haben ihnen das Leben geschenkt. Das ist doch wohl mehr als genug."
So kam der heilige Abend heran. Kai hatte den Baum geschmückt und die Geschenke unterm Baum verteilt. Für jedes Kind war ein Platz zurecht gemacht. Dort lag der Zuckerteller ein Spielzeug und ein Buch. Die Kinder würden sich freuen. Wie erwartet waren auch die Päckchen der lieben Verwandten gekommen. Marion hatte nicht gewollt, dass sie gleich mit ausgepackt werden. Aber dann war es ihr doch irgendwie unehrlich vorgekommen und so lagen sie also mit in der Weihnachtsstube.
Das Glöckchen erklang. Sie sangen „Ihr Kinderlein kommet" und dann standen alle Sieben vor dem Weihnachtsbaum. „Der ist aber schön" klang es fast gleichzeitig aus drei Kindermündern. Nachdem sie genug gestaunt hatten, ging ein fröhliches Geschenke auspacken los.

Plötzlich klingelt es. Alle schauen erstaunt hoch. Wer kommt denn an so einem Tag und um diese Zeit?
Kai geht hinunter zum öffnen. Wenig später steht er mit der Sekretärin vom Bürgermeister in der Tür.
„Fröhliche Weihnachten", ruft sie und Kai stellt ein riesengroßes Packet in die Mitte.
„Also- wir haben uns im Dorf so unsere Gedanken gemacht. Und dann haben wir für euern Besuch gesammelt. Tja, das Ergebnis ist dort in der Kiste. Viel Spaß beim Auspacken." Weg war sie.
Die Erwachsenen stehen fassungslos vor dem großen Packet und wagen es gar nicht an zu rühren. Da machen die Kinder den Anfang. Eines nach dem anderen wird herausgeholt und vom Papier befreit. Da gab es Kaffee und Schokolade, Plätzchen und Nüsse, Spielzeug für den Kleinen und Pullover für die Eltern. Elena schaute immer wieder sprachlos auf die Gaben der Dorfleute. Tränen kullerten ihr aus den Augen, während Vater und Sohn die Schätze ordnen. Auch Marion war bis ins Innerste gerührt. Das hatte sie nicht erwartet. Jetzt war wirklich Weihnachten geworden – auch für sie.
Das ist jetzt fast 20 Jahre her. Elena und ihre Familie haben längst ein eigenes Zuhause gefunden. Aber wenn sich die beiden Frauen einmal wieder sehen, dann ist zwischen ihnen immer noch die Vertrautheit von damals und Dankbarkeit.
Dankbar ist nicht nur Elena sondern auch Marion. Dankbar, dass sie Anteil haben durfte an dem elementaren Glück dieser kleinen Familie.

Printed by Books on Demand GmbH, Norderstedt / Germany